RÉFLEXIONS

SUR

LES PRINCIPES

DE

LA JUSTICE.

RÉFLEXIONS

SUR

LES PRINCIPES

DE

LA JUSTICE.

On pourroit recueillir dans un très - petit Volume, toute la substance de ces principes généraux, qui sont dictés par la Loi naturelle, & qui influent sur toutes les décisions des Juges. Mr. le Chancelier Daguesseau, dans son Instruction sur l'Etude du Droit.

A PARIS,

Chez LE CLERC, Libraire, au Palais.

M. DCC. LXI.

Avec Permission.

PREFACE ET DIVISION.

Des études faites pour rester dans le sein de l'obscurité, ont commencé à devenir publiques; (a) elles se sont répandues avec facilité : celui qui les avoit réunies, a voulu les perfectionner & les rendre plus certaines.

Des loix, des jugemens, des usages, des autorités qui semblent ne s'être multipliées que pour se détruire, augmentent souvent le doute à mesure qu'on approfondit les matieres.

Cet embarras l'a obligé de faire des recherches sur le fondement des décisions ; il a voulu former une suite de principes , qui pût servir de base aux principes mêmes. Cet Essai ne présente qu'un plan qu'on se propose d'exécuter. L'Ouvrage a trois Parties.

La premiere parle des Loix en général (b)

La seconde des sources de nos Loix en particulier.

La troisiéme des Jugemens.

____

(a) C'est ce qui a été imprimé sous le titre d'*Instruction facile sur les Conventions.* Celui qui a fait ce Recueil, avoit eu en vue ; 1°. de mettre pour lui quelques principes au net ; 2°. de connoître l'esprit des Jugemens ; 3°. de s'instruire des details sur des choses qui se présentent tous les jours.

(b) Il est difficile de former une Collection de

PREMIERE PARTIE.

Des Loix en général.

Des diverses efpéces de Loix.
Toutes ces efpéces réduites à deux.
Des divers objets des Loix.
Des études qui y ont rapport.

SECONDE PARTIE.

Des sources de nos Loix.

Du Droit Romain.
Des Coutumes,
Des Ordonnances.
Des Arrêts.
Des Ufages.
Des Auteurs.

TROISIEME PARTIE.

Des Jugemens.

De l'exercice de la Juftice.
Des fonctions des Juges.
Des fources des Procès.
Des maximes de décifion.
De la juftesse de cette partie de l'efprit
qu'on nomme Jugement.

Loix , fans d'abord réfléchir fur elles-même en
général cet ordre dicté par la nature, a été fuivi
par le Rédacteur de Juftinien , celui qui fous
Louis XIV. arrangea les Lois civiles , M. Domat
a un Livre préliminaire fur ce fujet.

ESSAIS

SUR

LES PRINCIPES

DE

LA JUSTICE.

PREMIERE PARTIE.

DES LOIX EN GÉNÉRAL.

C'EST un spectacle intéressant pour tout Citoyen, que cette mer immense de Loix & de régles, qui décident de nos fortunes, de notre rang, de l'étendue de nos engagemens, qui se chargent du soin de nos vengeances, qui veillent au payement de ce qui nous est dû ; il seroit à souhaiter que ces objets fussent dépouillés des épines qui les environnent, qu'on les eût toujours présentés sous l'appareil simple de la raison ; la raison est du ressort de tous les hommes.

Cette premiere Partie considere les fondemens des Loix, & ce qui doit guider ceux qui les composent : la même chose conduit dans la maniere de les appliquer. L'esprit de la Loi doit être celui des Jugemens. Non-seulement ceux qui décident, mais encore ceux qui défendent les Causes, ont besoin de cette connoissance.

TITRE PREMIER.

Des diverses espéces de Loix.

C ES volumes de science, d'obscurité & de sagesse , cette multitude de régles ont toutes une tendance au bien ; mais par des voies différentes, il arrive quelquefois qu'elles se font éloignées de leur route.

Les unes ont voulu empêcher les fraudes , & dans quelques cas les ont facilitées , on a été obligé de les changer.

D'autres veulent prévenir les crimes , & enchaînent le vice par la crainte des peines.

D'autres veulent éviter des contestations aux particuliers , fixent des sommes qu'il faudroit évaluer à grand frais , des tems incertains , des points indécis , établissent une régle générale , & sacrifient quelquefois les intérêts d'une des parties, au repos de toutes les deux.

Quelques-unes gênent la liberté naturelle, l'ôtent à celui qui voudroit uſer du Droit commun, pour nuire, ou à la ſociété, ou à quelqu'un. Telles ſont celles qui empêchent les monopoles, les vexations qui défendent d'acheter des Procès. &c.

D'autres accordent des faveurs à certains états, ou des priviléges à des particuliers contre le Public; & tournent au profit du Public même.

D'autres ordonnent à chacun de prendre des précautions en certains cas, & condamnent ceux qui y manquent, quoique leurs fautes ne ſoient que l'effet de l'ignorance des affaires, & que cette ignorance paroiſſe excuſable.

On accuſe ces Loix de tendre des piéges à la franchiſe.

Leur multiplicité les rend onéreuſes.

Leur vétuſté les rend incertaines.

Leur obſcurité & la nuit dans laquelle elles ſont perdues, les rend fatales; il n'eſt point de piéges plus dangereux, que ceux que les Loix introduiſent & préparent.

D'autres enfin réglent des uſages parti-

culiers, comme les fiefs, les retraits, les
succeſſions.

Sous les ſept claſſes qu'on déſigne ici,
viennent ſe ranger des milliers de Loix.
Que d'obſervations à faire ſur chaque
claſſe en particulier ! Fixer les vûes que
doit avoir le Juge, lorſqu'il s'agit d'appliquer ces Loix, de les étendre, de les
reſtraindre, voir quel doit être leur eſprit
dans chacune de ces claſſes... les bornes
qu'elles doivent s'impoſer .... les inconvéniens où elles ſont tombées .... les
changemens qu'elles ont éprouvé... leurs
défauts ... leurs perfections.

Ce n'eſt point aſſez d'enviſager une
claſſe en général, chacune contient elle-
même pluſieurs eſpéces différentes.

Des Loix de faveur.

Ce ſont des Loix qui établiſſent des
exceptions en faveur de quelqu'un, elles
naiſſent de différens principes, & par
conſéquent ſont de différentes ſortes.

Les unes viennent au ſecours de l'imprudence de la jeuneſſe & réparent les torts
auxquels ſa ſimplicité, ou ſa franchiſe
peuvent l'expoſer : d'un côté elles empêchent celui qui n'a pas vingt-cinq ans,
de contracter des engagemens funeſtes,

& le mettent malgré lui à l'abri du re-
pentir ; & de l'autre elles veulent empêcher le tuteur d'abuser de l'administration
qui lui est confiée.

Là elles protégent ces liens heureux
qui perpétuent le monde ; & veillant à la
sûreté des dots , elles encouragent les
peres à livrer & leurs biens , & leurs
filles ; elles portent celles-ci à exposer
leur santé , à sacrifier leur liberté par des
gains & des prérogatives.

Ici la dignité fait accorder des faveurs ,
tels sont certains droits des fiefs & des
charges. Les honneurs & les rangs demandent des exceptions , à ces régles générales qui égalisent tous les hommes.

Là le seul titre de malheureux , celui de
débiteur , suffit pour les intéresser & pour
obtenir d'elles des dispositions particulieres. Tantôt des cautions poursuivies trou-
vent dans elles des facilités ; tantôt des
créanciers infortunés ont des priviléges
pour quelques dettes favorables,ou obtien-
nent la nullité de certains actes qui trom-
pent leur poursuite & éludent leurs droits.

Toutes ces régles sont justes ; mais
dans quel embarras ne mettent-elles point
la Justice.

Là la femme s'en sert contre les créanciers , les créanciers contre la caution , le
mineur contre la dot , l'héritier de la
nature contre celui du caprice , celui-

ci combat ſous la faveur des dernieres volontés, l'autre implore celle du ſang.

Mille événemens particuliers combinés avec ces Loix, forment les conteſtations. Par où délier le nœud ?...... Les citations, les raiſonnemens, les Arrêts, le rendent ſouvent plus impliqué. Parmis une foule de flambeaux différens, que chaque partie préſente pour guide, lequel choiſira-t-on ? Leur multitude fait naître l'obſcurité.

Il faudroit fixer les régles des Loix de faveurs, établir quand on peut les étendre au préjudice d'un tiers, quand on doit les reſtraindre, & lorſqu'elles ſe combattent, laquelle doit être ſacrifiée.

On cherche dans les Réflexions dont voici le plan, des régles pareilles ſur chaque eſpéce de Loi en particulier.

Loix ſur des fraudes.

Ainſi ſur celles qui tendent à prévenir les fraudes, on examine, quand ces Loix ſont néceſſaires ?... Par quelles routes les plus fréquentes, les fraudes ſe préparent ? ... Par qui ? Ordinairement par gens d'un état obſcur auxquels on eſt le plus obligé de ſe fier.

Quand ne doit-on pas les prévenir ?... Bornes de ces Loix ... fraudes rares & ſingulieres, ne doivent pa faire établir une régle ſpéciale .... imiter l'exemple des Romains sur cet article.

Trop de soin à prévenir les fraudes, cause de l'embarras dans la pratique des affaires, des pertes injustes aux particuliers & d'autres inconvéniens.

Abus de ces derniers principes ; . . . . . . penchant à la douceur qui engage bien des Juges à fermer les yeux sur des fraudes , ... prétexte de ce penchant , ... suites & mauvais effets , ... quel est le milieu ? Quelle est la route de la modération ?

Réflexions sur les différentes sortes d'honneur, sur l'étendue de chacun , ... sur les cas où il supplée aux Loix , & où par conséquent les Loix font inutiles.

Réflexions sur les sources de la probité dans les différens états (*a*).

Des observations sur les Loix.

L'éloquence, la peinture, tous les arts ne se sont formés que par des observations ; ils ne se perfectionnent qu'autant que les chefs d'œuvres & les fautes de ceux qui ont précédé, font médités par ceux qui suivent.

Est-il un art plus grand & plus utile

______

(*a*) Il n'est point à craindre que l'on dise rien qui puisse déplaire. En cherchant à recueillir . . . les principes de la sagesse , l'on n'a garde de donner des exemples d'imprudence,

que celui des Loix ? Il y a je ne fai quel
plaifir à confidérer leurs changemens la
chûte des unes, l'oubli de plufieurs, l'altération que celles-là ont éprouvée, l'immortalité, pour ainfi dire de quelques
autres. Le Juge doit connoître tous ces
objets & s'en remplir l'efprit.

Les régles & les Jugemens, ne peuvent être l'ouvrage que de la réflexion ;
ce n'eft que la fucceffion des tems qui
peut dévoiler les inconvéniens de nouvelles circonftances doivent amener de
nouvelles Loix ; il s'agit de connoître les
principes de la fageffe pour les former.

C'eft un édifice qui ne peut s'élever
que par une fuite de générations, ne
fera-t-il pas permis de fixer les yeux fur
lui ?

Mais que parlé-je d'édifice, on dit
que c'eft moins un bâtiment qu'un labirinte ; il paroit un amas de matériaux de
toute efpéce, épars dans un champ immenfe. Le travail de vingt fiécles cou-
vre cette plaine. Des efprits de toutes
les claffes, de tous les Pays, de tous les
rangs y ont apporté ; difcordans, oppo-
fés, ils s'entrechoquent fans ceffe.

Si l'on veut approfondir les opinions,
lire dans les tems précédens, interroger
les Anciens ; c'eft alors que les portes du
labirinte s'ouvrent Quelle obfcurité !
quelle confufion ! quelle variété !

Rappellons nos esprits aux sentimens naturels. Osons fixer le centre de la lumiere ; élevons nos regards ; remontons au principe.

Il en est un d'où dérivent toutes les Loix Quel est-il ? La simple raison nous l'apprend.

TITRE II.

Les Loix réduites à deux espéces.

Voyons les premiers mortels se réunir, & dans cette union chercher leur bonheur, cet inflant vît former des régles.

Laffez eux-mêmes de leur férocité, ils fentirent la néceffité d'un frein : l'excès du défordre don a l'idée des Loix ; les premieres dûrent leur naiffance au crime, les fecondes à la prévoyance.

L'indépendance même devint à charge ; il leur fallut des Chefs pour les guider & pour les défendre ; il fallut qu'un feul fût fupérieur à tous, pour que tous fuffent égaux par la Loi.

Maintenir cette Société dans un état agréable & tranquille, en refferrer les nœuds, en augmenter les biens, conferver à chacun le fruit de fes travaux, fut l'objet des premiers Sages qui éclairerent le monde.

Ainſi toutes les Loix poſſibles, ne doivent avoir qu'un de ces deux objets, ou
l'équité, ou l'utilité publique.

On pourroit ne leur donner qu'un ſeul
but, le bien public, & faire dépendre l'é-
quité de ce point de vûe ; elle eſt nécef-
ſaire, pour que les hommes puiſſent vivre
enſemble tranquillement : conſidérée dans
ce ſens, elle ne ſeroit l'objet des Loix
qu'en ſecond ; mais il ſemble meilleur de
la faire marcher d'un pas égal avec le
bien général. Le Juge doit penſer ainſi.

§ 1. *Loix d'équité.*

Quelles ſont leurs propriétés ?
C'eſt 1°. d'être invariables, éternelles :
ce n'eſt point le caprice des hommes qui
ſépare le juſte d'avec l'injuſtice.
2° Quoiqu'immuables dans leur ſource, quelle variété dans leur application !
Ecrites nulle part, parce qu'elles doivent
être gravées dans tous les cœurs ; elles
obéiſſent à celui qui prononce.
Vagues & générales, elles ne comman-
dent point impérieuſement aux Juges
dans les cas particuliers ; & deſtinées à
tout régler, elles ne fixent rien.
Quel abus fait-on de ces Loix ? Quelle
eſt l'inſuffiſance de la droite raiſon pour
décider les affaires des particuliers ? Dans
les cas où elles ſemblent ſe combattre

avec les Loix de bien public , lefquelles
doit-on fuivre ?

Ne prendre pour régle que l'équité ,
feroit une régle qui renverferoit toutes
les autres : fuivre ce principe , feroit n'en
admettre aucun.

Etudier les bafes fondamentales de ces
Loix, voir leurs bornes, leurs conféquences , eft un des objets de ces Réflexions.

§ 2. *Loix d'utilité publique.*

Quelles font les qualités de celles-ci ,
quelle eft leur fource ? L'état des Peuples,
mille circonftances , mille événemens les
font naître : on les a nommées arbitraires.
Telles font les Loix fur les fiefs, les fuc-
ceffions, les prefcriptions , &c.

Variables dans leurs fources, elles font
certaines & conftantes dans leurs expreffions & ne permettent pas aifément qu'on
leur échappe.

Souvent elles combattent celles de
l'équité ; les prefcriptions donnent le
privilége de garder ce qui appartient
à un autre ; les hypothéques nous font
perdre ce que nous avons acheté & payé
&c.

Souvent elles fe combattent entr'elles ;
quelles régles fuivre dans ces deux cas ?

Leur juftice confifte en partie dans leur
publicité ; on ne peut les deviner ; fi elles

font cachées , difficiles à connoître , elles
deviennent injuftes.

Leur force confifte dans leur utilité ;
il eft affez ordinaire de voir cette efpéce
de Loi abandonnée , dès qu'elle eft inutile.

Après avoir développé les qualités de
ces Loix , examiner les principes qui doivent leur fervir de bafe , en tirer les pre-
mi res conféquences de , celles-là faire
naître les plus éloignées , & defcendre
ainfi d'une idée générale à des cas particuliers.

Sonder la certitude de chaque principe ,
n'admettre que ceux qui font d'une telle
vérité que tout le monde en convient.

Ne pas s'appéfantir à prouver les vérités inconteftées , chofe fort ordinaire dans
les ouvrages de cette efpece , parce qu'elle
eft très-facile ; fe contenter d en faire fouvenir , & ne pas fe dilater en les reffaf-
fant.

Après les avoir indiquées avec une précifion forte & claire , paffer rapidement au
détail ; telle eft la route qu'on voudroit
tenir dans ces Réflexions , route trop difficile , pour que les fautes qu'on y fera ne
foient pas pardonnées.

Après l'examen de ces Loix , paffer à
celui de leurs abus : voir où doit s'arréter
le zele contre le mal ; zele auffi dangereux
quelquefois que le mal.

Il est nécessaire qu'il y en aye, que les Loix laissent subsister comme il faut ; que la chaleur qui mûrit les fruits, desséchent quelques plantes utiles ; ou que les pluies qui fertilisent nos campagnes fassent germer des herbes venimeuses.

Le plus grand des abus seroit de les vouloir tous détruire ; mais quand doit-on les laisser subsister ou les réformer ? C'est-là où la sagesse se perd, ou l'erreur & le sophisme triomphe.

Il est question de savoir si le remède auroit plus d'inconvénient que le mal. L'on raisonne sur l'avenir. C'est former des desseins sur la surface de la mer, le premier soufle confond tout.

Quelles observations doit-on faire dans l'examen des projets & des changemens ? Indiquer les vices par où ils péchent le plus ordinairement.

TITRE III.

Divers objets des Loix d'utilité publique.

Il y en a de quatre espéces différentes.

Les unes tendent à augmenter la force de l'Etat, sa puissance, sa richesse.

Les autres à maintenir la subordination, à prolonger sa durée.

D'autres à épurer les mœurs des particuliers.

D'autres enfin ont pour but leur repos.

Il n'eſt pas une Loi qui n'entre dans un de ces objets ; toutes doivent tendre au bien général , & doivent y faire tendre tous les particuliers. Une Société eſt un faiſceau. La moindre partie doit être utile au tout ; le travail du plus bas artiſan ; l'oiſiveté du domeſtique , l'éducation de l'homme libre , les vices mêmes doivent concourir à cet objet. L'aſſemblage des Loix devroit être comme un cercle , dont toutes les parties ſe regardent & ſe lient; c'eſt-là leur perfection.

Premiere eſpéce.

Ce ſont les Loix qui regardent l'enrichiſſement de l'Etat par le commerce , la culture des terres , la multiplication des ſujets, les embelliſſement publics.

Il n'eſt point ici queſtion des idées de Miniſtere , de réchauffer l'Abbé de Saint Pierre , ou d'autres Ouvrages pareils : ce n'eſt point l'état de celui qui fait ces Réflexions , ni ſon but, de ſe livrer à des idées vaines ou dangereuſes.

Loix ſur le Commerce.

Quant aux Loix qui tendent au bien du commerce;

Celles qui accélerent les payemens , qui facilitent l'envoi des ſommes , comme les Lettres de change & tout ce qui les concerne.

Celles qui simplifient les conventions.

Celles qui abrégent les Jugemens, les formalités, les procédures.

Celles qui assurent la fidélité.

Celles qui facilitent les entreprises, ame du commerce, qui aident les sujets laborieux à s'enrichir. Telles sont par exemple les Loix qui favorisent les cautionnemens, celles sur les Sociétés.

Celles qui concernent les transports des marchandises, les Voituriers, les Foires, &c.

Que de détail sur chacune de ces espéces & sur les décisions qui y ont rapport!

Jettons un coup d'œil sur le premier article,.... les payemens. Voyons l'utilité des Loix qui font consister l'honneur du Marchand à payer ; de celles qui attachent une ignominie au défaut de payement ;....l'exclusion des Charges municipales par les Lettres de repît ;.... les peines contre différentes sortes de faillite ;... l'abus où les Juges peuvent tomber quelquefois en les modérant ;....les régles sur les directions des créanciers &c. les moyens pour les simplifier.

Il y a sur l'article du commerce trois espéces de Loix différentes ;

1°. Les Loix de commerce d'un peuple

aux peuples voisins ; par exemple celles
par lesquelles un Etat proscrit de chez
lui le commerce d'un autre , celles qui le
bornent, le commerce de luxe, celui d'é-
conomie, l'exportation, l'importation &c.

2°. Les Loix qui sont entre l'Etat &
les particuliers, comme les Compagnies,
les Banques publiques, les Pays de franchise , & les gênes qu'on est obligé de
donner au Commerçant, pour les biens
du commerce même.

3°. Les Loix entre Particuliers , celles
d'un Marchand à un autre.

Les deux premieres sortes n'entrent
point dans ce Plan , elle demandent de
grandes vûes pour le général , un génie
vaste & élevé , une patience infatigable
pour descendre dans les plus petits détails , du feu , de l'activité pour concevoir , de la modération, de la tranquillité
pour choisir ; il faut tout connoître , rien
hazarder , avoir à un haut degré des
qualités opposées.

Ces objets sacrés sont réservés à ceux
que la naissance ou le mérite fait partici-
per à l'autorité.

Ici l'on cherche seulement dans le sein
de la raison , des régles pour juger une
cause entre deux Particuliers, pour décider de leurs fortunes , de leurs prétentions , de leurs engagemens , & pour
en décider de la maniere la plus confor-

me au bien public, au maintien des mœurs, à l'équité.

Quant aux Loix qui ont rapport au nombre des Habitans, celles sur les mariages, les personnes, les étrangers, leurs priviléges, les droits sur eux offrent une matiere digne de quelques réflexions.

Agriculture.

Quant à l'agriculture, il ne semble pas d'abord que les Jugemens ou les Loix entre Particuliers, puissent tendre à la favoriser.

Cependant combien de moyens n'offrent-elles pas ?

Faciliter les travaux de la campagne, l'emprunt des semences, la conservation des bestiaux, la liberté des mutations &c. Les Coutumes mêmes ont divers articles sur la culture des fonds & la nature des biens de la campagne, sur les pâturages, les moulins, les étangs, les parcs, les vignes, les terres, les animaux &c. & si les rédacteurs des Coutumes n'ont pas toujours fait sur ces articles, ce qu'ils auroient pû faire ; ils indiquent au moins au Juge que leur intention étoit d'y penser ; & que c'est une des fonctions de la Justice.

Quoique ces moyens paroissent foibles, ils ont cependant une influence sur l'intérieur du Royaume. Leur liaison paroît

d'abord infenfible ; mais à des yeux atten-
tifs elle devient effentielle ; elle opére
lentement , mais fûrement : ce font des
objets qui reviennent tous les jours &
qui touchent tous les Particuliers.

Des gouttes d'eau qui tombent l'une
après l'autre , fe répétant pendant plufieurs années , creufent & percent les rochers.

Quelles recherches à faire fur des objets pareils ? ... Voir les principales difficultés qui fe préfentent fur ces matieres ,
les décifions qui ont été rendues , ... les
combiner avec le bien public , choifir
celles que l'on doit fuivre , perfectionner
les ufages qui fubfiftent , fans chercher
des nouveautés. On dira que c'eft-là de
petites fources du bonheur public. .. Qui
eft-ce qui forme ces gros fleuves qui ap-
portent l'abondance dans nos Villes ? De
foibles ruifleaux.

La plus exacte attention du Juge ne
peut pas produire des biens auffi confidé-
rables que ces grands moyens de police ,
ou de politique, qui font entre les mains
des premiers Magiftrats du Royaume ;
mais celui qui fait ces Réflexions-ci n'a
point à s'occuper fur des objets pareils.
Comme une fimple abeille dans un effein ,
il apporte le fruit de fon travail ; il ne
peut être tenu de plus : l'on fait toujours
bien lorfque l'on concourt de fon mieux

à augmenter la richesse, la gloire de l'E-
tat & sa puissance.

Deuxième espéce des Loix d'utilité publique.

Le but de cette Partie est de chercher
les cas où les Jugemens ont une influence sur les mœurs, par exemple, sur la
bonne foi, ou la subtilité dans les conventions, sur la fidélité dans l'exercice de ses
fonctions, sur le système de l'honneur, ce
brillant phantôme, l'ame de nos foibles
vertus & de tous nos mouvemens.

La Justice a un empire sur plusieurs
autres choses qui ont une liaison étroite
avec l'esprit nationnal ; c'est ces objets
qui forment la matiere de cette Partie.
Le but est de chercher quels biens les Jugemens peuvent y faire. Les Arrêts qu'on
rend sur les faits particuliers font les
mœurs publiques.

Un homme illustre a donné l'Esprit des
Loix ; il y a parlé de l'esprit national ; il
n'a fait qu'ébaucher deux ou trois traits ,
il devoit approfondir.

En quoi consistent les mœurs d'une
Nation & son génie ? Dans l'estime, ou le
mépris qu'elle fait de ces trois sortes de
choses, ... des différens vices ou vertus, le
courage, la décence, la franchise, la pu-
deur, la piété ; ... des différens états, le
Militaire, la Robe, les Arts libéraux, la

Finance, le Commerce; ... des diverſes
ſortes de biens, les richeſſes, les dignités,
les talens, les plaiſirs, la gloire.

Les Loix peuvent contribuer à l'eſtime que le peuple fait de chacune de ces
choſes; & c'eſt cette eſtime, ou ce mépris
qui donne du goût à la Nation pour elle,
ou qui en détourne.

Voyons un moment ce qui regarde les
vertus & les vices; il eſt conſtant que
c'eſt à nos divers Sénats à corriger des
abus ſur leſquels la Loi a gardé le ſilence.

Il y a des mauvais exemples qui ſont
pires que des crimes; tout ce qui peut
altérer le cœur, ou l'eſprit des Citoyens,
doit être réprimé par ces Tribunaux.

Si certains devoirs ne ſont plus étayés
que par le propos des Moraliſtes, ils de-
viendront bientôt des phantômes.

Les préceptes les plus efficaces ſont
ceux que les Loix ou les Jugemens donnent, parce qu'ils obligent d'agir.

Des peines réelles ſuivent des Jugemens deshonorans; la perte de la confiance publique pour ceux qui en ont beſoin pour leur fortune, des privations de
richeſſes, d'état; ce ſont-là de puiſſans
éguillons: c'eſt vraiment ce qui picque
d'honneur. Ne cherchons point à nous
étourdir par le ſon des mots, voyons le
fond des choſes.

Il n'eſt pas toujours queſtion de flé

l'auftérité a quelque chofe d'odieux, nos
mœurs font douces & fuyent les exrê-
mes. On peut adoucir la honte, la dif-
penfer avec mefure, la rendre plus ou
moins légere, fuivant l'objet qui l'a mé-
rité. Faire rougir eft une peine, qui fans
être févere, eft fouvent utile.

Les défordres publics ne font pas le
feul objet que les Magiftrats doivent
avoir en vûe ; la tranquillité domeftique,
le foin des familles doit auffi attirer leur
regard : cet article eft auffi précieux que
l'autre aux Particuliers.

Cette partie intéreffante touche aux
plus doux de nos liens, aux droits des
péres, à l'union des époux ; elle cherche
à régler cet attrait invincible qui entraîne
fans ceffe & fouvent avec force un fexe
vers l'autre, & à prêter de nouvelles armes à la décence contre la volupté.

Le développement de ces idées feroit
ici trop long, il ne renferme point un fa-
natifme d'équité, mais il tend à chercher
les cas où les oracles de la Juftice peuvent foutenir les droits du fentiment.

Quel frein plus puiffant que ces Arrêts
que la vertu & le foin des mœurs dicte à
nos Tribunaux contre les Particuliers,
qui peuvent en altérer la pureté par des
dangereux exemples ou des fentimens.

Parcourons un autre objet, paffons au

degré d'estime qu'on a pour les différens
états. Trois choses influent sur cette estime, & font presque seules les sources de
nos mœurs ; elles opérent singuliérement
sur nos façons de penser La Justice a sur
elle-même une inspection immédiate, &
qui (ce semble) n'a jamais été approfon-
die. On les passera ici sous silence, on ne
fera que quelques réflexions qui ont rapport à l'un de ces objets.

Le siécle précédent fut celui de la dignité, de la décence, d'un certain attachement aux fonctions aux dehors de son
état : si c'étoit une foiblesse, elle produi-
soit un grand bien, elle attachoit à cet
état même. On nous en a guéri.

Les professions férieuses font les plus
utiles aux hommes ; il n'y en a point où
les Citoyens soient plus intéressés d'avoir
des gens éclairés & appliqués ; elles demandent un attachement particulier ; on
a plaisanté cet attachement, qu'est - ce
qu'on y a gagné ?

C'est aux personnages mis sur nos théâ-
tres, aux risées du parterre, qu'on doit
cet éloignement que tant de gens ont
pour leur état, ce ton de le mépriser, sentiment par lequel on se rend méprisable,
crainte d'être ridicule ; cette fureur de
sortir de son caractere, d'aller emprunter
des travers dans des professions différentes & de les préférer aux bienséances de la
sienne, cette honte de paroître ce qu'on

doit être, cette inapplication, cette légéreté, ce dégoût pour ses fonctions.

Celles qu'on devoit honorer pour les
faire mieux remplir ont été plaisantées :
une scène épigramatique fait plus de ra-
vage, que les meilleurs ouvrages ne font
de bien.

Quelques-uns des esprits qui ont travaillé dans ce genre, ont eu pour but d'hu-
mer le ridicule de tout, uniquement pour
le ridicule, Abeilles singulieres qui par-
couroient les fleurs pour en distiler du
fiel ; ils penserent moins à corriger les
vices de certains états, à les rendre meilleurs, qu'à les rendre risibles : … l'intérêt de la troupe & de la recette les ani-
moit plus que l'intérêt public, & ils fai-
soient servir l'avilissement des professions
sérieuses & utiles, à la nourriture d'une
profession que la simplicité de nos péres a
regardé comme vile, car elle cesse de
l'être.

De l'estime des différens états que le
délire du théâtre & de la Philosophie ont
renversé, passons à la troisiéme sorte d'objets, dont l'est me influe sur les mœurs ;
c'est les biens. L'on a vû qu'ils sont de
différentes espéces : les richesses, les dignités, les talens, les plaisirs, la gloire.
Développons ces idées, ou plutôt emet-
tons ce détail, & ne faisons plus qu'une
réflexion.

En comparant nos Loix à celles des Romains, fur les conventions, & fur plufieurs objets pareils, nous voyons d'un côté un peuple qu'on cherchoit à porter à la vertu; de l'autre, une Nation chez qui on néglige les minuties.

Les Loix fur le *Stellionat* en font un exemple. Les Romains appelloient ainfi toute adreffe, toute tromperie, tout abus de confiance, qui n'avoit point de nom particulier. Une condamnation pour fait pareil diffamoit, aujourd'hui on prétend qu'elle ne flétrit plus, & nous avons reftraint la fignification de ce mot à une efpéce de claufe qu'on met dans les actes par lefquels on emprunte. On appelle ainfi une fauffe hypothéque donnée par un emprunteur, par laquelle il s'expofe à être contraint par la prifon au payement.

Cet abus en a introduit un autre. Celui qui prête oblige quelquefois celui qui reçoit à donner une pareille hypothéque; & par cette voie détournée, il obtient la contrainte par corps, dans des cas, où cette rigueur eft défendue: l'emprunteur s'y foumet, parce que le *Stellionat* n'eft plus honteux: c'eft ainfi qu'on fe fert de l'affoibliffement d'une Loi fage, pour en éluder une utile, & qu'on fe joue d'elles par elles-mêmes.

Ces maux paroiffent des bagatelles;

parce que leurs effets ne causent pas subi-
tement des changemens, ou plutôt parce
que nos vûes sont courtes, & n'apper-
çoivent que ce qui est sous notre main,
dans la petite sphere qui nous environne;
mais étendons-les au delà, voyons ce
qu'opérent à la longue des choses insensibles, dans le commencement; portons
nos regards dans l'avenir, ou plutôt ra-
menons-les sur les siécles passés; voyons
les peuples & leur sort. Voyons dans
l'Afrique un Etat riche & industrieux
tomber dans sa grandeur, détesté & abandonné de ceux qui formoient sa puissance.
Voyons les Romains devenus maîtres de
l'Univers par un enchaînement de fermeté
& de vertus, devenir par leurs vices la
haine de ceux qu'ils avoient dompté &
tomber eux-mêmes.

De nos jours, une Nation immense, a,
dit-on, tant de mauvaise foi dans son
commerce, que ses voisins ne peuvent
négocier avec elle, (les Chinois, *l'Esprit des Loix*): ces exemples ne sont pas
peut-être si éloignés de nous.

On prétend que la Turquie a long-
tems renoncé à nos étoffes, depuis qu'un
Particulier eut substitué du faux à du fin.
Il eut des amis. Tout porte à la douceur,
& sa fortune s'accrut par cette adresse. Les
contre-coups tombent à la longue sur l'E-
tat même.

Les fentimens & les mœurs d'un homme en particulier ont des droits fur les autres hommes. Les mœurs & les fentimens d'un peuple ont des droits fur les peuples voifins.

Rome eut des cenfeurs, elle leur dût fes vertus, & ce fut à elles qu'elle dut fa puiffance.

Un grand homme a dit qu'il ne falloit point de cenfeur dans un Etat gouverné par un feul ; il y trouvoit des inconvéniens qui ne font point à craindre dans une affemblée de Magiftrats. Un autre homme, pour le moins auffi illuftre, & que ce peuple plus réfléchi que nous, jugea digne d'être le Chef de la Juftice, le Chancelier Bacon leur a defiré des fonctions à peu près pareilles ; plus expérimenté, il eut de meilleures vûes pour la Pratique, un tact plus fûr pour la jufteffe des idées. Montefquieu dût beaucoup à la liberté de fes penfées ; l'Anglois génie auffi vafte, femble avoir mis plus conftamment de la folidité dans les fiennes.

On cherchera feulement ici les cas où l'affoibliffement des Loix & la tolérance des Tribunaux devient dangereufe ; on tâchera de les examiner, de les péfer affez pour ne donner dans aucun excès, & pour prendre le parti que la modération, l'équité & le bien public demandent.

Ce projet invite naturellement à faire une suite d'observations sur les divers changemens que les mœurs de la Nation ont éprouvés, sur les sources de ces changemens, sur les moyens de conserver aujourd'hui ce qui est bien, de borner ce qui est mal; l'on ne choisira que ceux qui sont dans la puissance des Juges.

L'empire des mœurs est le plus bel empire que la Justice puisse posséder.

Troisième espèce.

Trois Princes, l'admiration de leur siécle, se sont immortalisés par le plus bel endroit. Justinien, Victor, Frédéric ont formé le projet de donner à leurs peuples un corps de Loix (a); ils ont choisi des mains en état de le remplir, mais il semble que les principales parties y ont été omises.

Ils n'avoient point une assez haute idée de la légistation; fiers de leurs armes, ils n'ont vû la sûreté de leur Empire que dans leurs soldats, & n'ont envisagé dans les Loix qu'une rubrique de Palais.

(a) Ces monumens sacrés faits pour être le bonheur des hommes de générations en générations font la route la plus sûre de l'immortalité. Les victoires & les triomphes de l'Empereur Romain, qui nous donna les Loix, sont étonnans, & ce ne font que ses Loix qui attirent aujourd'hui notre admiration.

L'Empire Romain a été détruit presqu'aussitôt que son corps de Loix a été
formé : Justinien fit de grandes conquêtes,
& tout tomba après lui; il faut qu'il y ait
eu un grand vice dans son plan.

Qui sçait la durée des autres Empires
dont on vient de parler ? Ce qu'il y a de
sûr, c'est que ce ne sera pas leur Code qui
les soustraira à la destruction.

Il est un art de former un tout, de faire
sucer avec le lait l'amour de l'Etat dans
lequel on vit, de graver dès les plus jeunes ans ces traits dans les cœurs, de répandre cet attachement dans toutes les
conditions, de l'y faire couler sans qu'on
s'en apperçoive, de raffermir tous ces
nœuds de la Société. Justinien ignora cet
art précieux : les Législateurs qui vinrent
après, ne l'ont pas même soupçonné ;
c'est cet attachement qui fait la force.
Trois exemples anciens nous prouvent
ce principe. Un exemple vivant le démon-
tre. Cet Empire dont la naissance semble
se confondre avec celle de l'Univers,
existe encore : les invasions, les guerres
n'ont pû le détruire, & il ne subsiste pas
par les armes : des combinaisons plus sages & moins incertaines que celles des
batailles, ont fait sa durée.

Il est si doux de vivre dans le sein de la
paix, tandis que les contrées voisines sont

en proie aux allarmes , d'apprendre tranquillement au coin de nos foyers les dé-
vaſtations du Nord , ou de lire dans quelqu'Hiſtorien les malheurs & les troubles
de nos peres ; de faire de ces ravages l'a-
muſement de notre oiſiveté , de les porter
dans les beaux jours au fond d'un boſquet
paiſible , de ne voir la peinture de ces
triſtes objets , que comme celle d'une
tempête ou d'un pillage dans un tableau
deſtiné à embellir un cabinet , & de tirer
ainſi un plaiſir innocent des maux mêmes
dont nous gémiſſons , par la joie douce de
nous en voir à l'abri.

Cette ſituation doit naturellement faire déſirer la tranquillité & la durée de
l'Empire ſous lequel on en jouit ; on
doit ſouhaiter de le voir immortel , invincible.

Toutes les Loix qui entretiennent la
ſubordination & l'honneur , qui conſer-
vent les prérogatives des divers Etats ,
ſont des baſes eſſentielles (*a*).

Peut-on ne pas ſoutenir une Nobleſſe
qui eſt le ſoutien du trône ? Chaque ordre

(*a*) On n'a garde d'entrer ici dans les queſtions ſur les limites des puiſſances , ſoit Eccleſ-
ſiaſtiques ou Civiles : ceux qui , par leurs fonctions , ſont obligés de traiter ces matieres , doivent le faire avec moderation ; & ceux qui n'y
ſont point obligés , ne doivent ce ſemble le faire d'aucune maniere.

concourt de quelque maniere à la folidité de ce grand tout.

Quatriéme but des Loix.

La quatriéme efpéce de Loix regarde le repos des familles , & des Particuliers entr'eux , telles font :

Les Loix de propriété.

Les Loix pénales pour empêcher les crimes.

Les Loix de Police pour la fubfiftance & l'ordre.

Les Loix fur les formalités pour la Juftice.

Les Loix enfin qui réglent l'état des perfonnes.

Chacune de ces claffes a diverfes efpéces , qui toutes ont des points de vûe , des principes différens & qui demandent des recherches pour les connoître , les appliquer , les perfectionner. Ces détails offrent un fi grand nombre d'idées , qu'on n'en indiquera pas même l'ordre ; on fe propofe de joindre de nouvelles obfervations à celles qui ont déja été faites ; elles peuvent être corrigées ou augmentées par des mains plus habiles , ainfi leur médiocrité même produira un bien.

Cette partie renferme les inftitutions particulieres , comme les Fiefs , les Retraits, les Douaires , les Teftamens , &c.

Tous ces établissemens devroient être combinés, de façon que leurs régles même tendissent au bien public ; & toutes celles qui n'y repondroient pas directement, auroient dû être rejettées comme des détails dangereux & des sources de discutions inutiles.

Mais par une fatalité irrémédiable, elles dérivent du caprice des usages barbares, qui ont été introduits dans des tems de grossiéreté, chez les peuples desquels nous descendons.

On peut dire que ces institutions sont dans l'ordre de la législation, ce que les monstres sont dans celui de la génération. Elles ont été engendrées par un hazard ; elles ne doivent point engendrer à leur tour.

Tout ce qui ne tend pas au bien général doit être restraint quand il ne peut pas être rejetté : au lieu de multiplier ces Loix, on doit les éloguer, en retrancher des branches autant qu'on peut.

Aujourd'hui il seroit imprudent de penser à les détruire, leur conservation est nécessaire ; mais il y a des principes pour leur application & leur perfection.

Puisque toutes les Loix de cette classe n'ont pour but que de régler la propriété des biens & le repos des particuliers, que conclure de-là ? Qu'elles & les Jugemens qu'on rend sur elles, doivent tendre à simplifier les contestations & à en étouffer le germe.

TITRE IV.

Etudes qui ont rapport aux Loix.

Trouvera-t-on extraordinaire, de voir terminer les Réflexions sur des Loix en général, par quelques observations sur les études nécessaires à ceux qui les rédigent ?

Les sujets que la beauté de leur destinée appelle à cet emploi, ne sauroient avoir trop de facilité pour s'y préparer : ce sont les sources du bonheur public, peut-on trop travailler à les épurer ?

Quatre études leur sont nécessaires.

Premier objet d'étude.

C'est l'équité. elle doit être la base de tout, parce qu'elle est la source de l'attachement des hommes pour leurs Loix ; c'est elle qui força une troupe de rebelles de rappeller un homme juste (*a*) qui les avoit abandonnés, & de prier cet homme qu'il voulût les gouverner : c'est elle qui sou-

____

(*a*) Dejocés, chez les Medes.

mit des peuples vicieux & sans frein aux
régles que leur imposa un seul de leurs con-
citoyens. Les Licurgues, les Solons, les
Dracons, qui fonderent des Empires solides & fameux, n'employerent ni ruse, ni
force, ni intrigue ; ils n'eurent d'autre
art que leur vertu : leurs Etats se soutîn-
rent plus long - tems que celui d'Alexandre & des Conquérans : la force est un
torrent qui entraîne & qui passe : l'équité
est un roc, un centre immobile , autour
duquel les hommes enchaînés sont forcés
de revenir.

C'est elle qui maintient dans l'équilibre
toutes les parties d'un Etat. Tandis que
sous ses yeux , la douceur modére la force ; l'agneau dort à côté du loup ; le Citoyen tranquille se répose sur les sources
de l'abondance , sourit à son bonheur, &
des mains savantes sont passer à la postérité des monumens immortels (*a*).

Il ne faut point d'art pour être juste ,
la nature en fournit les principes généraux, cependant l'équité a besoin de réflexion pour être réduite en pratique &
pour s'appliquer aux détails.

Où cueillir cette manne précieuse ?
Quelles en sont les sources les plus abon-
dantes ? Comment doit - on diriger son

____

(*a*) La Place de Reims.

étude ? Ce font ces objets qu'on voudroit approfondir.

Deuxiéme Etude.

La réaction des Loix.

Les Loix font des digues, & les intérêts humains font des fleuves ; barrez le paffage d'un côté, ils reflueront d'un autre.

L'art eft de prévoir par où dégorgera le mal qu'on veut empêcher, une nouvelle Loi fait naître une nouvelle maniere d'être méchant.

Le coutre-coup a fouvent plus d'effet que l'action même : fouvent pour abattre une chofe, il faut frapper à côté, la fecouffe la fait tomber.

Où faire l'étude de cette réaction, dans l'Hiftoire des Loix, & fur tout dans les nôtres, dans les fiécles qui nous ont précédés, chez les peuples de l'Europe moderne, qui ont plus de rapport avec nous.

Quels font les guides de cette étude ? Le premier eft cet homme qui voyagea comme Pytagore, & qui dans fes longues courfes médita tous les Empires & tous les tems (M. de Montefquieu).

Mais c'eft un conducteur qu'il ne faut fuivre qu'avec prudence ; il eft fouvent plus curieux qu'utile & que fûr ; il eût fait des chofes étonnantes s'il fût venu dans les tems de barbarie, des Licurgues, des Confucius ; ou plutôt il a fallu qu'il soit né après tous les empires , pour faire l'ouvrage qui nous a étonné.

Il y a des espéces de Loix plus sujettes que d'autres à opérer des réactions, il faut distinguer ces espéces.

Quels sont les moyens par lesquels elles les opèrent ? De ces moyens , les uns sont rapides , les autres lents & insensibles. … Comment peut-on les prévoir , les parer ?

L'étude de deux objets différens y conduit.

Le premier est le caractere des peuples , les idées , les goûts qui y dominent , le degré de feu , d'inconstance , d'industrie , de ressource , de franchise qu'ils ont.

Le second est l'étude de chaque état en particulier , du Commerçant , du Militaire , du Bourgeois,&c. les vûes des hommes dans ces divers états , leurs détours , leurs routes , leurs chemins de traverse , leurs préjugés , leurs bornes , leurs craintes , leur confiance &c.

Troisiéme Etude.

N'est-ce point une illusion ; & l'idée de la perfection des Loix ne nous mene-t-elle pas trop loin , lorsqu'elle nous fait demander que les Légisiateurs étudient le cœur humain ?

Leur est-il inutile de développer la nature , la formation de ses mouvemens , la puiſſance des objets ſenſibles ſur lui ,...,, le beſoin qu'il a d'être toujours dans le déſir , ou dans la crainte.

Son amour pour tout ce qui ſuppoſe de la grandeur & de la difficulté , ſes foibleſ-ſes , ſes inepties continuelles.

Son goût pour le changement , ſa pa-reſſe pour le repos.

Son affection pour la liberté , ſa pente à l'eſclavage.

Ses contraſtes entre la réflexion & l'ac-tion , & toutes ces choſes qui ſont telle-ment dans la nature de l'homme , que l'homme qui y penſe le plus en eſt quel-quefois la victime auſſi aiſément que celui qui n'en a pas l'idée.

Après ces détails , examiner :

A combien de reſſorts on peut employer l'orgueil ?

Auxquels la pareſſe eſt propre ?

Quels ſont ceux que la crainte peut fournir ?

Ceux que l'intérêt préſente ?

L'uſage des motifs d'invitation ; les cas où ils ſuffiſent ,... ceux où les peines ſont néceſſaires.

Comment doit-on ſe conduire dans ces recherches ? Dans quelles erreurs peut-on tomber ? Nouveau ſujet de principes.

Toutes les Loix , ou les Jugemens qui ont en vûe de diriger les actions humai-nes , doivent être éclairées par cette étude ;

c'est par-là que l'oisiveté des Moralistes peut devenir une source féconde de la félicité publique.

Passons à un autre genre d'habileté essentiel à ceux qui sont chargés de travailler à la législation.

Quatrième Etude.

L'expression.

La clarté des Loix fait la tranquillité des Particuliers, elle opére plus encore ; elle fait la force de la Loi même : une Loi obscure dépérit dans les interprétations. Une Loi précise est inaltérable.

Comment décider les contestations, si la Loi même donne lieu à contester ?.... il vaudroit mieux qu'une Loi ne fut pas, que d'être obscure.

Cet article demande de grands détails, ouvrons les Auteurs ; ils ont recommandé la clarté, & n'ont rien dit de plus : avant eux on en savoit autant.

Un homme fameux a fait un petit chapitre du style des Loix ; il dit la même chose, son expression saillante & singuliere charme lorsqu'on le lit ; mais après l'avoir lû, est-on plus habile sur ce point ? Composera-t-on mieux ?

Il donne quelques exemples d'un ridicule grossier, pour empêcher qu'on ne l'imite : ce soin n'étoit pas nécessaire ;

mais a-t-il cherché les régles de la clarté, & le fecret de faire entendre ? A-t-il indiqué les exemples d'obfcurité, dans lefquels on peut retomber tous les jours, méditez les remédes &c.

C'eft ce qu'on fe propofe dans cette Partie, à l'aide des articles de nos Loix, qui embarraffent tous les jours ; on y examinera les fources de l'obfcurité ; ainfi, à la faveur de l'obfcurité même, on fe conduit à la lumiere, & les ténébres que nos prédéceffeurs nous ont laiffés, au lieu de nous égarer, nous apprendront à diriger nos pas.

Trois chofes offufquent dans l'expreffion ; ... 1°. les mots ; 2°. la conftruction d'une phrafe ; 3°. l'enchaînement de l'une à l'autre.

Chacun de ces articles fournit des régles fimples à concevoir, difficiles à fuivre ; des exemples les rendront plus aifées.

Quant aux mots, à combien de défauts de clarté ne peuvent-ils pas donner lieu. Combien y en a-t-il, que les Loix employent fans les expliquer, fans fixer précifément l'idée qu'ils doivent faire naître ; elles fuppofent la définition affez connue, cependant chacun les définit à fa maniere ? Combien de Loix prennent un mot dans un fens, tandis que d'autres l'employent dans une fignification un peu différente.

Le défaut de clarté naît souvent de la
longueur des membres d'une phrase ; des
membres incidens qui devroient former
des Loix séparées &c. des idées étrangeres qu'on joint à l'idée principale , de la
précision qui supprime ces idées de com-
munication , qui mènent l'esprit d'une
chose à une autre , & lui font un chemin
plan & uni, au lieu de lui donner à fran-
chir & à suppléer des intervalles où il se
perd.

Il y a d'autres Loix qui préparent leur
inutilité & qui ouvrent elles-mêmes une
porte à qui voudra se dérober de dessous
elle,..... d'autres défauts encore demandent des réflexions.

Des principes sur ces objets, tirés des
erreurs de ceux qui sont venus avant
nous , pourront procurer des avantages
à ceux qui nous suivront.

Conclusion de la premiere Partie.

On souhaiteroit une suite de Loix formées sur ces principes, dont chacune en
particulier procura un des avantages suivans, la richesse de l'Etat, la pureté des
mœurs , le repos des Particuliers ; Loix
qui fussent rédigées par des hommes qui
auroient approfondi les études qu'on vient
d'indiquer.

L'exemple de différens peuples , prou-
ve que des défauts dans la législation ,

des vuides , des parties négligées , des erreurs produifent à la longue des altéra-
tions , des changemens , des vices na-
tionaux , des miferes publiques , des def-
tructions d'Empire , & d'un autre côté
l'on peut voir par l'exemple des parties
faines de la légiflation , ce que peuvent
opérer de bonnes Loix.

Un corps de Loix envifagé eu grand &
fuivi dans tous fes détails , feroit la fource de toutes fortes de biens ; mais ce font
des défirs aulli difficiles à remplir qu'inutiles à former.

Bornons-nous à des vœux plus fimples.
Bien des gens fouhaiteroient du moins un
droit conftant ; ils fe plaignent de la confufion , de l'oubli , de l'incertitude où les
Loix font perdues , & d'où elles ne font
tirées que par les Jugemens.

Il eft fàcheux , dit-on , pour les Particuliers , de n'apprendre la Loi que par
leur condamnation , & de ne connoître la
régle que lorfqu'on n'eft plus à tems de la
fuivre.

Les Miniftres de la Juftice eux-mêmes ,
à qui les Citoyens ont recours pour fe
faire diriger , après avoir facrifié leurs
veilles à approfondir , à examiner une
affaire , après avoir donné leur avis con-
forme aux exemples , ou aux maximes ,
gémiffent de l'incertitude de leurs décifions , & de voir fouvent leur partie condamnée & victime d'une jufte confiance.

Éclaircissons nos principes, connoiſ-
ſons-les, méditons ceux de la légiſlation
même : l'ame de la Loi doit être celle
des Jugemens.

Mille cris s'élevent, de grands Miniſtres, de grands Princes ont penſé à faire
pour nous un corps de Loix ; le projet de
l'uniformité totale me paroît impoſſible,
les refontes & les réformes ont trop d'inconvéniens, il faut des opérations inſen-
ſibles & des mains habiles.

Laiſſons à de grands hommes ces idées
vaſtes, cherchons-en de plus à notre portée, contentons-nous de tirer de nos Loix
dans l'état actuel, le meilleur parti qu'il
eſt poſſible : voyons leur enchainement.

Que ceux qui travaillent ſur ces matieres, remontent toujours aux ſources anti-
ques ; que dans les doutes qu'elles peuvent laiſſer, on les voye écouter les Loix
de la nature & ne ſuivre qu'elles.

Qu'on les voye ſimples dans leurs ex-
preſſions, ne rien dire que de précis, que
par la clarté & l'utilité de leurs ouvrages ils nous mettent à même de nous paſſer d'un changement.

Qu'ils jettent les fondemens de l'empire de la raiſon ſur la connoiſſance de
l'ame & ſur l'amour de bien public ; que
le génie devienne utile à ſa Patrie, quelle
plus grande utilité peut-il lui apporter
que la lumiere ?

Qu'on trouve dans eux un Jurifconfulte qui étudie, un Philofophe qui médite, un Citoyen qui défire, un fujet plein d'obéiffance.

Tels font les vœux de celui qui expofe fes réflexions ; il fouhaiteroit pouvoir faire plus que des vœux. Il trace un deffein que des mains plus habiles termineront.

La grandeur de ces objets a de quoi exciter au travail : quoiqu'ils n'ayent, ni les graces, ni la légéreté des arts agréables ; ils n'en font pas moins dignes du génie. Un difcours prononcé dans une affemblée de Sages réunis par un Monarque, nous indique la fonction la plus fublime de cette qualité de l'ame. *C'eft, dit-il, cette étendue qui faifit une infinité d'objets, leurs liaifons & leurs différences ; cet amour de l'ordre & de l'unité, qui rapproche les idées les plus éloignées en apparence, les ramene à une forte de généalogie, & en forme la chaîne ; plus conféquent en cela même qu'il rappelle tout au point dont il eft parti ; enfin cette expreffion lumineufe qui tranfporte aux fignes toute l'énergie aes conceptions, donne aux penfées leurs vraies couleurs & les place dans leur jour.*

SECONDE PARTIE.

DES SOURCES DE NOS LOIX.

ON peut compter six sources différentes de nos Loix , ou de nos Jugemens ; le Droit Romain , les Coutumes , les Ordonnances , les Usages , les Arrêts , les Auteurs.

Quelqu'amour que nous ayons pour elles , nous sommes contraints d'avouer qu'elles n'ont pas été formées avec le soin , les précautions , la connoissance que cette matiere exige , si nous parlions différemment , mille voix s'éléveroient contre nous.

On s'en plaint tous les jours , cependant elles ont des parties admirables ; on y trouve à chaque pas de la solidité , de la justesse , de bonnes vûes ; il y a un instinct de raison , qui dans les tems même de barbarie ou de délire n'abandonne pas l'homme.

Le but de cette deuxiéme partie des réflexions , est de faire sentir les avantages qu'on peut tirer de l'étude de chacune de ces sources en particulier , & d'apprendre à se méfier de leurs endroits foibles.

Un second but est de faire quelques réflexions sur les moyens de perfectionner chacune d'elles , de les rendre plus sûres & plus utiles , en un mot de tirer de ces mines profondes , tout l'or qu'elles renferment dans leur vaste sein.

TITRE PREMIER.

Premiere source , Droit Romain.

Lorsque le Sénat jetta les fondemens de cet Empire immense , lorsqu'il voulut former sa République , il ne fût qu'aller chez ses voisins chercher des Loix ; nous avons fait de même.

Nous nous sommes adressés aux Romains ; il s'agissoit de combiner , d'établir les régles d'une Société toute différente , nous avons adopté au hazard des enfans d'un autre sang.

Ces Loix transplantées dans un nouveau sol , s'y sont trouvées étrangeres , il a fallu les ajuster peu à peu comme on a pû.

La plùpart avoient été faites à mesure du besoin & sans principe ; on les a rectifiées de même : l'opération a précédé la science , au lieu que la science devoit conduire

duire l'opération, & par un renversement
de l'ordre, la fille a enfanté sa mere,
(not. sur Bacon).

De-là que d'inconvéniens ? Que de parties ténébreuses ? Que de raisonnemens
perdus ? Que de Jugemens abandonnés ?
Quelle multitude de Jurisconsultes, &
quelle disette de régles fixes ?

Justinien vit ces maux, mais il ne vit
rien de plus ; il voulut y appliquer un
reméde ; il couvrit la plaie & renferma le
mal qui a reflué chez nous & chez quelques peuples voisins ; plusieurs Princes y
ont remédié dans leurs Etats.

Il compila .... & fit former cet amas
énorme nommé *Digeste*, ouvrage fait le
mieux qu'il est possible, pour vexer l'esprit
humain.

Lorsque l'Empereur fit composer ce
Recueil, les mœurs anciennes qui avoient
donné lieu à chacune de ces décisions, ne
s'étoient pas encore perdues ; tous les Jurisconsultes les savoient & crurent inutile
de les faire savoir à ceux qui viendroient
après.

Dérobant dans cette compilation les
motifs des sentimens, détachant chaque
décision de sa cause, on fit un assemblage
d'une infinité de petits corps dépiécés,
dont la tête étoit coupée, & l'on transmit
à la postérité un amas confus sans liaison,
sans enchaînement, sans système.

C

Il faut un art bien différent pour régler les Nations ; un autre défaut a été remarqué par ce beau génie élevé à la place de premier Magistrat de l'Angleterre. Les Loix anciennes, dit-il, ne devroient être refondues que dans des tems plus éclairés que ceux où elles ont été formées : le contraire est arrivé dans la compilation de Justinien.

L'on peut voir plusieurs autres défauts du Droit Romain dans le préambule du Code Fréderic ; il y en a d'autres encore qu'on ne peut sentir que dans l'usage même & dans l'étude de ce droit ; il seroit trop long de les détailler ici. Tirons le voile sur eux & passons à ses beautés.

Mérite & autorité de ce Droit.

Dans cette multitude de décisions, il y en a un nombre considérable d'une sagesse, d'une solidité parfaite, & d'une telle profondeur de jugement, qu'il semble que la raison aye réfléchi sur elle-même pour se réduire en règle.

La sagacité avec laquelle ils découvrent l'équité dans les cas les plus compliqués, & ils vont la chercher au fond des incidens qui semblent l'envelopper de voiles épais, frappa d'admiration des Nations qui s'échappoient de la barbarie, il y a quatre ou cinq cens ans, & fit le succès général de ce corps de droit dans toute l'Europe.

Il a été reçu dans nos Pays de Coutume comme on y recevroit un ouvrage de raisonnement ; on en prend ce qui plaît, on laisse ce qu'on ne veut pas, & le choix est libre ; source d'incertitude.

Dans une autre moitié de la France, son autorité est reconnue en général ; il fait la Loi en gros ; mais dans le détail une partie de ses décisions sont rejettées ; l'on dispute tous les jours sur la plûpart : dans une de ces Provinces telle Loi est admise, & dans la voisine on croit qu'elle ne l'est pas : le triage n'est point fait, & les meilleures perdent elles-mêmes leur force, étant mêlangées dans un amas de Loix mortes ; elles y périssent peu à peu.

Il n'y a pas apparence que ce travail se fasse jamais ; il y a même des difficultés immenses qui s'y opposent. Chaque Juge doit le faire dans les cas particuliers. Apprenons du moins en général les principes sur lesquels il doit être fait, & les causes qui décident à abandonner des Loix.

Principes sur le choix des Loix.

La premiere cause qui en fait rejetter plusieurs, c'est la subtilité. Ces Romains si altiers & si sincéres dans les premiers tems, prirent, par leur mélange avec les Grecs, ce goût de finesse qui alla jusqu'au

fophifme , & qui gagna même les Jurif-
confultes ; enchaînés à la rigueur des
mots , ils s'attacherent , à fubtilifer les
principes de leurs Loix , à en quintécen-
fier les conféquences : le *Digefte* en fournit divers exemples.

L'efprit qui régne aujourd'hui eft très-
différent. L'équité , le droit naturel , le
fond des chofes fervent de bafe : nos meilleurs Auteurs de droit Ecrit , *Domat* ,
Henrys &c. veulent qu'on immole différentes Loix à cette fage maxime.

Autre fource d'abandon , la différence
du caractere des Nations , la puiffance
paternelle en eft un exemple.

L'efprit de domination des Romains
commença à les rendre defpotiques
fur leurs efclaves & dans leur famille , en attendant qu'ils le fuffent dans
l'Univers. Ce droit barbare de verfer le
fang humain dans l'intérieur de leurs
maifons , d'y répandre celui même de
leurs enfans , fait fouvenir que ces fameux Légiflateurs n'étoient dans leur
origine qu'une troupe féroce de brigands
réunis.

La Religion a fait réformer les Loix
fur l'efclavage.

Le principe des Loix Romaines fur les
chofes qui font communes entre plufieurs ,
eft une fuite du génie Républicain & de

cet esprit de liberté qui ne pouvoit souf-
frir de domination.

Lorsqu'une chose étoit commune, un
seul des propriétaires pouvoit s'opposer
aux volontés de tous ; il n'étoit point
obligé de suivre la Loi du plus grand
nombre.

La raison, l'équité, le bien public a
fait sentir la nécessité d'établir parmi nous
le contraire, lorsqu'il s'agit d'un corps
de créanciers. Une Loi du Souverain a
obligé le plus petit nombre à suivre les
volontés du plus grand. Le Roi, comme
un pere commun entre ses sujets, a voulu
pour le bien général, que l'avis des trois
quarts décidât, & que le caprice ou la
contrariété ne pût point l'emporter sur la
raison & la justice.

Chez les Romains, un voisin ne pouvoit appuyer sa maison contre le mur de
son voisin ; on ne connoissoit point le
droit de mitoyenneté : chacun étoit maître
absolu chez lui : cette liberté & cette indépendance étoit sacrée parmi eux ; ils en
avoient fait une Loi ; on reconnoît enco-
re-là le goût de ce peuple : le bien public
a obligé d'abandonner ce principe dans
une partie de la France, & dans l'autre
on le conserve sans raison.

Les Loix sur les Sociétés nous offrent
encore des nouvelles marques du génie
des peuples qui les ont faites : nos Socié-

rés fuivent des régles quelquefois très-différentes.

Les fociétés de *tous biens* fi fréquentes parmi eux , & fur lefqu'elles ils ont un grand nombre de détails, marquoient l'efprit de patriotifme qui régnoit parmi eux.

Il feroit trop long de noter ici toutes les Loix que leur efprit national avoit introduit , & que le nôtre fait abandonner.

La différence des mœurs, des dignités, des formalités , a un rapport caché avec plufieurs de ces Loix ; il eft très-dangereux de s'y méprendre. Cette difficulté & les dénominations étrangeres en rendent fouvent l'ufage équivoque.

Le défaut d'équité même en a fait rejetter quelques-unes ; l'on n'a pas toujours égard aux réponfes des Empereurs. Que peut-on penfer en effet des décifions d'une foule de Chefs méprifables , quelquefois élevés par les meurtres au rang fuprême , & qui joignant à la fierté de l'Empire toutes les baffeffes du plus vil peuple , firent rougir l'équité de les avoir pour organe , & l'humanité de les avoir pour maître.

Les réponfes même de *Juftinien* & fes nouvelles Loix ne font pas toujours refpectées : le reproche qu'on fait à *Tribonien* en eft la caufe ; l'on prétend qu'il fit

de la législation une marchandise , qu'il
commerça des Loix & de la signature de
l'Empereur.

La contrariété de quelques-unes entr'elles , est encore un des embarras pour
se décider sur le choix , il faut des principes.

Les différens états par lesquels le Droit
Romain a passé , les changemens que les
décisions ont éprouvés de siécle en siécle ,
confondent souvent , ou du moins obscur-
sissent la nature des choses. Sous Justinien
seul , le Droit eut trois états différens ,
le *Digeste* , le *Code* , & les *Novelles* ; c'est
le dernier état que l'on doit suivre , cependant on s'en écarte quelquefois : la
question est de savoir quand on doit le
faire.

Nécessité d'un Ouvrage sur cette matiere.

De cette liberté dans le triage des
Loix , viennent divers inconvéniens ; (not.
sur Bacon) la discordance des opinions, la
difficulté des recherches , l'obscurité de
l'étude , l'incertitude des consultations,
celle des Jugemens, le repos des Citoyens
peu assuré , un certain dégoût, aliment
de l'indolence, qui fait abandonner l'étude même , seule route qui peut conduire
à la lumiere.

C iv

Ceci n'eſt point une découverte, c'eſt une vérité publique & ſouvent répétée par les Miniſtres même de la Juſtice.

Un grand homme mort récemment, étant Chef de la Juſtice, fit rémedier à quelques défauts de cet Ouvrage ; il y fit mettre de l'ordre, c'eſt ce que nous avons en trois Volumes *in-folio*, ſous le nom de *Pandectæ Juſtinianeæ*, Recueil bien capable de ſoulager dans cette étude, mais qui ne guérit pas tous les vices du fond de la matiere.

TITRE II.

Des Coutumes.

LES Coutumes & les Statuts offrent un droit bien plus certain : leur voix impérieuſe ne permet jamais aux Juges de s'écarter de ce qu'elles ont prononcé, la puiſſance ſouveraine prend ſoin d'y veiller.

Quelles réflexions ſe propoſe-t-on de faire ſur cette partie de nos Loix ? Deux ſortes.

1°. De rechercher les principes épars dans nos meilleurs Auteurs ſur l'étude des Coutumes, d'examiner les Ouvrages les plus eſtimés, & d'en tirer les régles par où ils ſe ſont guidés, & leurs réflexions fur l'eſprit des Coutumes.

Cet eſprit n'eſt autre choſe que l'intention que leurs Auteurs ont eu, ſoit en
faiſant chaque régle en particulier, ſoit
en raſſemblant le tout.

2°. On paſſe de leur étude à des réflexions ſur la maniere dont elles ont été
rédigées ou réformées ; il y en a même eu
de retouchées dans le dernier ſiécle, d'autres le firent peut être encore ; on donne
des obſervations ſur ce travail & ſur les
moyens de les perfectionner.

Ces deux objets (l'étude des Coutumes & leur perfection) demandent qu'on
remonte à leur principe.

*L'origine des Coutumes & leur
rédaction.*

Il eſt humiliant pour nous, de devoir
ces premieres Loix, ces fondemens de
nos Sociétés, à des établiſſemens de barbares ; d'aller pour en trouver la ſource
dans les bois, dans les marais du Nord,
examiner des hommes bruts, épars &
cantonnés ſéparément, ayant quelques
eſpéces de régles que la bizarrerie avoit
variées ; de voir enſuite ces hommes ren-
der les contrées que nous habitons & mé-
langeant leurs uſages à ceux que les anciens Druides ſuivoient dans leurs jugemens, donner naiſſance à ce que l'on ap-
pella dès les commencemens de la Monar-

chie *Coutumes* (a) ; elles contenoient le germe de ce que nous avons aujourd'hui , mais elles étoient bien éloignées de l'état actuel.

Une foible lumiere éclairoit encore l'Occident dans les feptiéme & huitiéme fiécles. Charlemagne & quelques - uns de nos Rois veillerent à la conferver ; mais une nuit totale furvint , & l'obfcurité fut affreufe vers le dixiéme & onziéme fiécle , lorfque des troupes d'étrangers entrant dans le Royaume par l'embouchure des rivieres , remontant de-là , & fe répandant dans toutes les Provinces , ravageoient tout ce qui fe trouvoit fur leur paffage , pilloient , maffacroient , & pendant un fiécle de dévaftations , ne porterent dans cette belle contrée que la mort & les té- nébres.

La puiffance de nos Monarques , hors d'état de défendre leurs fujets , ne fe dé- fendoit pas mieux elle-même ; un défor- dre général s'introduifit ; plus de Loix univerfelles ; c'eft alors que les bifarreries particulieres fe multiplierent & jetterent les profondes racines , qu'aujourd'hui l'on tenteroit inutilement d'arracher.

Quand on recommença à avoir des Écoles pour apprendre à lire , chofe dont

---

(a) Elles étoient différentes de ce qu'on nom- moit *Loi* , foit falique , ou des ripuaires , ou au- tres.

l'ufage étoit prefque généralement perdu,
l'écriture devint plus commune, deux fiécles s'écoulerent la groffiéreté diminua, les
Jugemens s'étoient rendus de mémoires...
les Loix n'étoient qu'un ufage qui réfi-
doit dans la tête des vieillards ; on fentit
la néceffité de les écrire.

Des Comtes, des Ducs, des Seigneurs
particuliers étoient alors Souverains, ou
prefque Souverains dans leurs Terres ;
quelques-uns qui penfoient au bonheur
de leurs peuples, firent rédiger une partie de ces Coutumes.

Des Particuliers dévoués à l'étude &
au miniftere de la Juftice, commencerent
à recueillir les ufages, ou la routine de
ces tens.

Enfin nos Rois, depuis Charles VII,
firent travailler à cette rédaction, & l'on
vit fe former cette multitude de Coutumes que nous avons aujourd'hui. Chaque
Province, chaque Ville, chaque territoire rédigea la fienne ; de-là vient l'attachement inviolable avec lequel elles ont
été fuivies : on peut remarquer que la
plûpart des Ordonnances de nos Rois font
tombées dans l'oubli, & que les Coutumes font toutes en vigueur.

Réformation.

L'on fent bien que dans des fiécles pareils, les gens chargés de travailler à ces

ouvrage , ne devoient pas avoir de grandes lumieres , ni de grands principes : ces
Coutumes en porterent des marques , &
ne furent pas moins refpectées.

Les peuples s'étoient fait une idole ,
elle fut groffiere , mal conftruite ; mais
elle fut leur ouvrage , voilà pourquoi ils
la chérirent : toutes fes difpofitions , fes erreurs devinrent des abfurdités facrées ,
des bifarreries vénérables.

Cependant l'efprit humain fe dévelop-
poit peu à peu , & au bout d'un certain
nombre d'années , les Tribunaux étonnés
eux-mêmes de leur ouvrage , demande-
rent à le corriger : de-là la feconde rédaction des Coutumes. Furent-elles portées
au point où elles pouvoient l'être ? Attei-
gnirent-elles la perfection ?

Il eft aifé de le décider. Sent-on en les
lifant la lumiere naître dans l'efprit ?
Goûte-t-on ce charme fecret que l'ordre ,
la clarté , la fimplicité fait éprouver ? A-
t-on après les avoir lûes , ce repos , cette
fatisfaction d'efprit , qui ne fe trouve que
dans la juftefle ?

C'eft-là la pierre de touche de toute
bonne Loi : aujourd'hui que peut-on faire
fur celles-ci pour les perfectionner ?

Réfléchir fur les divers changemens
qui fe font faits dans les Coutumes , fur
les défauts de ces changemens , voir les
vices fondamentaux de la premiere rédaction , les vices corrigés dans la deuxiéme

Voir quelles font les Coutumes les plus parfaites, les plus fages, joindre à l'une ce que l'autre peut lui communiquer ; les unes ont approfondi une matiere, les autres une autre : ce qui vient quelquefois des premiers Rédacteurs, qui étoient plus favans dans une partie que dans l'autre ; examiner les défauts qui fubfiſtent encore, voir leurs fuites, leurs inconvéniens & leur reméde ; on ne fera ici qu'Indiquer ces objets.

Imperfeclions.

Nous n'avons dans les Pays de Coutume, d'autres Loix pofitives, que ces Coutumes mêmes. Tout ce qui eſt hors de là, n'eſt que raifon écrite. *Droit Romain*, *Auteurs*, *Arrêts*, on les juge avant de les fuivre, & on les abandonne comme on veut.

Il eſt aifé, cela étant, de compter ce nombre de Loix fûres que l'on a dans chaque Pays, & de voir fur combien de matieres on n'en a aucune. Quel champ vaſte à l'étude, au travail ! Il y a, il eſt vrai, des maximes qui fuppléent à ces lacunes ; mais ces principes n'étant point recueillis, forment un vuide trop confidérable.

Toutes les Coutumes fuppofent une bafe.

Outre le filence total de ces Coutumes

fur diverfes matieres. Combien ont - elles omis de détail fur celles mêmes qu'elles ont traité : fouvent elles ne donnent que quelques maximes détachées & féparées.

Ce font des piéces découfues fans fuite , fans enchaînement, fans vûes générales , dans lefquelles on fuppofoit les principes , parce qu'on ne les avoit pas. Ce ne font point des corps formés , mais des lambeaux de légiflation.

Les Rédacteurs étoient même éloignés d'avoir cette juftefle d'expreffion , qui confifte à définir & à éclaircir ; ils ont fait des régles fur des mots bifarres ou équivoques , fans en fixer le fens , & peut-être fans le bien fentir eux-mêmes (*a*).

Quelquefois ce font des complications d'obfcurités ; il femble que les Auteurs fe foient fait un jeu d'efprit d'exercer celui des Commentateurs , & n'ont voulu que former un tiffu de propofitions énigmatiques & détachées. Vraies queftions de Sphinx qui dévorent ceux qui font obligés d'en chercher l'explication.

Autre défaut , l'inutilité de plufieurs régles qui n'ont aucun fondement folide, aucune raifon de bien public , de bon ordre , quel effet en réfulte-t-il ? Mille quef-

---

(*a*) Ce n'eft pas le lieu de citer différens articles des Coutumes qui ont ce défaut, ce détail meneroit trop loin.

tions épineuses, des Commentataires *in-folio*, la ruine de quelques familles de nobles, ou de laboureurs.

Non seulement on peut blâmer l'inutilité de grands nombres d'articles, mais même la singularité de plusieurs.

Quelque respect que M. de Livoniere aye pour sa Coutume, & quelques soins qu'il prenne pour la défendre, on ne peut s'empêcher de la trouver absurde, lorsque, dans un cas de succession, elle traite les freres plus favorablement que les petits enfans du défunt, & fait payer aux descendans, des droits pour succéder, tandis qu'elle en exempte les Collatéraux : (voyez l'art. 94 & 97 d'Anjou, 97 & 100 du Maine, 133 Loudun).

Souvent les Rédacteurs avoient peu de connoissance de la nature des choses, de l'équité, de ces maximes judicieuses que la raison dicte, les exemples en sont nombreux.

Mais ce qui surprendra le plus, c'est que quelquefois même ils connoissoient mal les pratiques qu'ils mettoient par écrit, & par un contraste singulier, on trouve que l'usage combat la Coutume. Entre une foule d'exemples, il y en a un remarquable sur l'art. 2 du tit. 1 de celle de Bourgogne ; elle fut rédigée dans le

ſeiziéme ſiécle : les Arrêts ſans égard à
cet article , continuoient à juger le contraire , comme ils avoient fait auparavant.
La Juriſprudence , les Actes de Notoriété ,
les atteſtations de tous les ordres de la
Juſtice , dépoſoient contre la Coutume ;
mais elle avoit été rédigée ſous l'autorité
royale & revêtue de ce caractere ſacré : la
queſtion fut portée au Conſeil en 1706 ;
il ne voulut rien décider : dans la régle il
auroit été obligé de caſſer les Arrêts du
Parlement , parce qu'ils n'étoient pas conformes à une Coutume qui n'avoit jamais
exiſté.

Si l'on vouloit rechercher tous les points
ſur leſquels les Coutumes (*a*) ſont contraires à l'uſage , on en trouveroit un
grand nombre : cela eſt venu quelquefois ,
de ce que , lors de la rédaction , l'uſage
étoit incertain ; on voulut le fixer par un
article : cet article fut mal rédigé , &
après la rédaction mal ſuivi.

Ceux qui travaillerent à l'une de ces
Coutumes , traiterent des maiſons ; l'expérience force tous les jours d'abandonner certaines de leurs régles.

Jamais les eaux ni les cloaques , ne vou-
lurent s'aſtreindre à ce qui leur étoit preſ-

(*a*) Il ne faut point perdre de vûe qu'on
nomme *Coutume* , ce qui eſt écrit & approuvé
par l'autorité Royale , & *uſage* des pratiques
qu'on ſuit , & qui ne ſont point Loi.

crit par le titre des servitudes , & malgré
l'art. 184 & les autres , ils s'obstinerent à
corrompre les murs & les puits , quoique
les distances fixées par la Coutume eussent
été observées. Les Experts ont abandonné ces Loix , la nature n'a pû s'y plier ;
c'est elle qui décidoit sur ces objets , dont
l'effet est sensible. Quant à ce qui ne dépend que du raisonnement & qui est un
peu compliqué , les Rédacteurs ont pû
se tromper tant qu'il leur a plû ; sans que
leurs erreurs ayent été si palpables , on les
a adoptées.

A tous ces défauts de Rédacteurs , joignons des vûes très-bornées ; ils ont fait
quelques morceaux de dispositions sur
les biens de campagne , les terres , leur
cultivation , les bestiaux , leur nourriture
&c. ils ne pouvoient s'en dispenser : l'on
sait que ce sont les sources primitives &
intarissables de nos richesses ; il étoit naturel qu'ils prissent des moyens pour en
animer la culture ; un usage de la petite
Province de Bresse , donnera l'idée de ce
qu'on veut dire ici : les étangs font les richesses de ce Pays , ses eaux bourbeuses &
ses marais font aussi précieux pour elle ,
que les meilleurs vins le sont pour le
Pays qui les produit. C'est une régle dans
cette Province , que celui qui a le plus de
terrein dans un endroit creux , peut y
faire un étang & y envelopper les champs

de ſes voiſins, pourvû qu'il les dédomma-
ge de la récolte. La Coutume d'Orléans a
un grand nombre de diſpoſitions ſur les
étangs. Si toutes les autres avoient ſuivi
ces exemples & avoient enchéri ſur eux,
elles ne laiſſeroient rien à déſirer ſur ce
point ; mais quelquefois les Rédacteurs
ont favoriſé une partie plutôt qu'une autre, ſans trop ſavoir pourquoi, & ſans
méditer les reſſources que leur Province
pouvoit tirer de leur ſageſſe.

Ils penſoient encore moins à l'avantage
général de la Nation, leurs vûes en étoient
bien éloignées ; c'étoient des petites idées
courtes, qui ſe bornoient à l'avantage de
certains habitans, de certain territoire, &
preſcrivoient au hazard quelques parties
de régles.

Idées ſur la perfection des Coutumes.

Après avoir recherché les défauts des
Coutumes, il faudroit voir ceux qu'on
peut réformer ſans de plus grands inconvéniens, car tous ne peuvent pas l'être ;
malgré leur imperfection, elles ont la
baſe des contrats & des alliances, & dans
certains cas, elles ont une liaiſon avec le
repos des familles.

C'eſt donc un nouveau travail, après
qu'on a examiné les endroits vicieux, que
de choiſir ceux qu'on peut rectifier.

Il y a des régles qu'il faudroit ajouter, d'autres qu'on doit corriger, d'autres qu'on peut laisser, d'autres enfin qu'on pourroit retrancher : ajoûter, ôter, perfectionner, & laisser quatre opérations différentes.

Pour remonter à la source même des choses, voir avant tout les vices qu'il y a eu dans la maniere dont on a travaillé les rédactions.

Comment les cayers & les articles ont-ils été dressés, par qui, avec quel soin ? Que pourroit-on faire pour les rédiger plus parfaitement, quelles attentions doit-on avoir, comment faudroit-il s'y prendre ?

Après que ces articles ont été dressés, comment ont-ils été examinés, pesés & contrôlés ? Par quelles personnes ? Quels font les moyens d'avoir un travail mieux fait, mieux digéré ?

Quelle habileté faut-il dans ceux qui forment ces articles ?.... Connoître les principes des Loix de chaque espéce, la nature des matieres ; par exemple, des Fiefs, des Contrats &c les vûes générales de la Légiflation, les principes de l'ordre, ceux de l'expression.

Quant à la maniere de les faire promulger, ce n'est qu'une pure affaire de formalité.

Des recherches sur ces objets méritent

affurément l'attention des meilleurs Magiftrats. C'eft un moyen pour eux de fe
rendre refpectables , de tranfmettre un
nom à leur poftérité; c'eft un ouvrage
digne , non-feulement de la fainteté de
leur miniftère , mais encore de toute leur
étude & de toute leur prudence.

Il y a fans doute des Coutumes qui
n'ont befoin de rien ; mais il y en a de
défectueufes , & fur lefquelles les Tribunaux ou les Provinces prendront peut être
le parti de faire ce qui a déja été fait.
Quelqu'éloigné qu'on foit ici des nouveautés , il n'eft pas défendu de tendre à
perfectionner les chofes que l'on a , par
des voies fages & modérées.

Il feroit à fouhaiter qu'on eût fait dans
chaque Parlement ce qui fe fit en Nor-
mandie : une Coutume générale pour la
Province ; & qu'on eût joint à ce corps
complet quelques ufages locaux qu'on
vouloit perpetuer.

Imitons la prudence de nos péres ; ils
ont eux-mêmes penfé que les rédactions
précédentes pourroient être bonifiées.

De grands Hommes y ont travaillé ;
mais la clarté, la précifion, les vûes éten-
dues ne pouvoient pas fe porter alors où
elles peuvent l'être aujourd'hui. Dumou-
lin , d'Argentré , dans ce fiecle , auroient
fans doute éclairé leurs contemporains ,
& tenu le même rang qu'ils tiennent

parmi les anciens. Mais si M. de Montesquieu eût été Jurisconsulte, & qu'il eût abandonné le champ orageux du Gouvernement, pour entrer dans celui de la Jurisprudence, où il pouvoit plus aisément faire le bien public; s'il eût pris ce sage parti, ses ouvrages seroient sans doute supérieurs à ceux qui nous restent de ces grands Hommes; & une Coutume, ou une Loi, qu'il eût voulu rédiger, vaudroit mieux que celles que nous avons (a).

(a) Cet homme avoit une étendue d'idée, une profondeur de reflexion, une force d'expression qui étonne.

Il est facheux qu'un si beau génie se soit exercé contre l'ombre, qu'il ait été fouiller les extravagances des peuples sauvages, abrutis, inconnus, méprisables, anciens, noirs, blancs, Gots, Iroquois, &c. des suppositions de Voyageurs, de petits cantons de Sauvages, qui ne valent pas un de nos Villages, deviennent des objets de Chapitre. Que nous importe leur ridicule ? En admirant ses talens, on leur desireroit un emploi plus utile.

Il est facheux encore qu'il ait souvent donné des conjectures pour des conséquences, qu'il ait pris les hasards pour des necessités, & qu'il ait sans cesse travaillé à nous les faire prendre pour tels.

Qu'il ait poussé le raisonnement jusqu'au délire ; qu'il ait fait du culte Divin une affaire de climat, & reglé l'opinion des hommes sur l'autre vie, par les degrés de longitude.

Mais tirons le voile sur ses erreurs, en faveur de ses beautés & des biens qu'il nous a voulu faire ; que notre reconnoissance soit immortelle, comme ses ouvrages, & ne voyons dans ses défauts que la necessité de payer un tribut à l'humanité.

Cette perfection tend, non-seulement au bien public, mais au soulagement même des Ministres de la Justice, à diminuer leurs peines & l'incertitude de leurs recherches, à donner à la jeunesse moins de dégoût, &c.

TITRE III.

Source troisième, Ordonnances.

LES Ordonnances de nos Rois ont ordinairement été méditées avec plus de soin que les Coutumes. D'illustres Magistrats devenus Chefs de la Justice, Citoyens zélés pour les peuples, sujets attachés à leur Maître, hommes immortels dont les noms seront toujours chéris, assis au pied du Trône pour veiller sur l'empire des Loix, nous ont laissé des preuves de leur zele, & des monumens de leur sagesse.

Sous ce nom d'Ordonnance, on comprend les Edits & Déclarations de nos Souverains. On ne traite ici que de celles qui ont rapport aux Jugemens des Tribunaux. Leurs objets les plus ordinaires sont les formalités ou la police; car pour le fond du droit même, il y en a très-peu qui l'ayent eu en vûe.

On examinera d'abord quel fonds on

peut faire fur les regles qu'elles pref-
crivent. Car c'eſt un principe que les
trois quarts ne ſe ſuivent pas, pour diverſes raiſons ; & ce principe eſt un grand
mal.

Les dernieres ne reglent pas tout, elles
ſuppoſent les précédentes ; & ces précédentes ſuccombent fous le poids de leur
vieilleſſe. Les mêmes Ordonnances ſe ſuivent différemment dans les diverſes Provinces, fans qu'il y ait aucune regle poſi-
tive ſur cette incertitude.

Le Recueil des Ordonnances utiles,
ſages, avantageuſes au peuple, & cependant abandonnées, ſurprendroit, s'il étoit
préſenté ici.

Le fondement fur lequel on ſe dif-
penſe de ſuivre pluſieurs articles, c'eſt
parce qu'on prétend qu'ils n'ont pas été
ſuivis.

Dans l'uſage on admet une eſpéce de
preſcription contre ces Loix. Le mal eſt
que cette preſcription n'a encore aucune
regle fixe : l'on ne ſait point ſi c'eſt au
bout de dix, de vingt, de trente, de qua-
rante, de cent ans, qu'elle eſt acquiſe.
Quoique cette idée de preſcription ſemble
choquer, voici ſa raiſon. *Quand le Souverain néglige pendant un long tems de faire
obſerver une Loi, qu'il ſouffre que les affaires qui s'y rapportent ſe reglent d'une
autre maniere ; il réſulte de-là une forte
préſomption de l'abolition de cette Loi, qui*

*tombe d'elle-même, quoique le Législateur
ne l'ait pas expressément abrogée.*

Les bons fondemens de ce principe n'en
sauvent pas les inconvéniens.

1°. Comment parviendra-t-on à savoir
que cet article contesté n'est pas suivi ? Ce
n'est que lorsque l'on aura vu une suite
de Jugemens qui l'auront abandonné.
Qui est-ce qui verra cette suite ? combien
faudra-t-il de temps pour la voir ? comment l'établira-t on ? Il faudra ramasser
des Jugemens contre l'Ordonnance, des
actes de notoriété contre des dispositions
manifestées, publiques & acceptées : ce
seront quelques actes obscurs qui com-
menceront à fonder cette abrogation.

Un autre embarras pour les Citoyens,
est que le Tribunal supérieur qui juge les
Arrêts, n'admet point les mèmes principes; il pense qu'une chose irréguliere
dans son origine ne peut pas se justifier
par elle-même, qu'on ne doit pas conti-
nuer ce qu'on ne pouvoit commencer ; &
casse quelquefois les Arrêts.

De-là que résulte-t-il? Un particulier
contracte sur la foi des usages ; son adversaire conteste sur celle de l'Ordonnance.
si par l'Arrêt cet adversaire est con-
damné, il se pourvoit ; les Juges ont le
désagrément de voir réformer leur décision, & la Partie gagnante de perdre des
frais considérables, D'un autre côté, si
cette Partie eût suivi la regle prescrite par
l'Ordonnance,

l'Ordonnance, & abandonne l'usage, elle auroit risqué de n'être pas plus heureuse; car l'adversaire la poursuivant, l'Arrêt l'auroit condamnée, & il auroit fallu tenter une cassation douteuse.

Outre l'incertitude & la confusion que cause dans les affaires cet abandon tacite, il y a bien d'autres inconvéniens qu'il est inutile de rappeller.

Examinons les causes qui font abandonner des Ordonnances, afin d'en trouver les remedes.

Elles font quelquefois chargées d'articles, qui ne servent qu'à multiplier des formalités. Tantôt ce seront des précautions peu nécessaires, d'autres fois des abus rares qu'on veut prévenir, & à cause desquels on interrompt le droit commun.

Quelquefois elles prescrivent des regles incommodes dans l'usage; & souvent l'excès de rigueur a engagé à s'en écarter: la peine portée par un article, n'étant pas proportionnée au mal, a fait abandonner cet article; & c'est précisément par le soin extrême que le Législateur a pris pour le faire exécuter, qu'on ne l'exécute point.

La peine de nullité, qu'elles prononcent fréquemment, n'est pas toujours suivie; elle est devenue une espece de peine bannale que les anciens Rédacteurs ont

eu toujours à la main ; & par l'abus qu'ils
en ont fait, elle eft quelquefois plus nulle
que les actes qu'elle profcrit.

Il n'eft pas furprenant que ces Loix
ayent des imperfections. Quelles font
celles qui n'en ont point eû ? Ce n'eft que
par l'ufage qu'on peut les connoître. Ce
qui réfulte de la méditation du cabinet, & ce que produit la pratique, font
deux chofes très-différentes ; les premiers
Magiftrats, quelque zele & quelques lumieres qu'ils ayent eu, ne font pas à
même de fentir les inconvéniens d'une
regle, comme ceux qui font mettre en
œuvre cette reg e.

Ce n'eft pas dans la correction qu'eft
le mal, mais dans la correction tacite,
qui fait que fouvent l'on ne peut point
compter fur les Ordonnances, & qu'elles
ne forment qu'une bafe très-incertaine.
On ne fait fi ce qui a été ordonné
doit être : la chofe qui par fa nature eft
la bafe de la certitude, devient une queftion & une fource de conteftation.

Il eft très-bon que ces loix puiffent être
corrigées ; mais il faudroit peut-être que
la maniere de les rectifier fût plus aifée,
afin qu'elle pût être plus manifeftée dans
le public. L'exemple que donne à préfent
un Monarque du Nord, eft très-fage.

Ces imperfections n'empêchent point
le refpect & les égards dûs aux noms

des l'Hôpital, des Pussors, des Marillac, & de ces autres grands Ministres qui ont dévoué leurs veilles au bonheur de leur patrie. Mais le sort de tout homme est d'errer, & la seule ressource de l'humanité est de réfléchir sur ses erreurs.

Il est utile pour les Ordonnances qu'on pourra faire dans la suite, d'examiner le sort des anciennes, & de chercher celles qui ont été le mieux observées.

Il est aisé de voir qu'il n'y en a point eu de suivies plus exactement que celles que les Tribunaux ou les peuples avoient demandées. La défense de la preuve par témoins, & bien d'autres articles, sont de ce nombre: on peut les parcourir dans les Edits de Moulins, d'Orléans, de Melun, &c.

Personne ne distingue mieux les maux, que ceux qui les souffrent; & cette sensation les porte plus vivement à en pénétrer la cause.

C'est par ces suites de Réglemens, demandés & accordés sur toutes les matieres les plus intéressantes, que dans des tems de trouble & d'indigence l'on s'est soutenu contre les abîmes que ces maux ouvroient de toutes parts.

A travers les orages, le vaisseau, par cette manœuvre, parvint à ce port tranquille où il se trouve depuis près de cent ans, & dans lequel la gloire & la splendeur de la Monarchie ont été portées au plus haut point.

═══════════════════════

TITRE IV.

Quatrieme Source de nos Loix.

Les Arrêts.

Ces oracles auguftes prononcés au nom de nos Rois, & formés par des affemblées de Magiftrats, dépôts refpectables de leurs opinions, font les tréfors de la Juftice.

C'eft d'eux que nos Souverains ont fouvent tiré les difpofitions de leurs Ordonnances, & que les Tribunaux tirent celles de leurs Jugemens.

Etude des Arrêts.

Quatre chofes en rendent l'étude utile.

1°. une fuite d'Arrêts fur un même objet forme une Jurifprudence.

2°. Un feul Arrêt fur une queftion, fait un préjugé qu'on ne doit réformer qu'autant qu'il auroit de grands inconvéniens.

3°. Il y a des Arrêts qui contiennent des réglémens. Ces trois chofes fourniront diverses observations qu'il seroit trop long de détailler ici.

Le quatrieme motif, le plus grand qui doive porter à l'étude des Arrêts, est le besoin de nourrir sa raison, & de l'entretenir par l'examen de ces décisions. C'est-là où elle apprend à agir & à se développer; c'est-là où l'on s'instruit à saisir, pour ainsi dire, la vérité & la sagesse, qui se perdent dans les détours de la procédure, ou que les souplesses du raisonnement s'efforcent de nous dérober.

Cette étude peut se faire à l'Audience, à la Chambre, ou dans les Livres. C'est-là qu'on se forme dans cet art difficile d'être judicieux, art qui n'est autre chose que de savoir se défendre contre les prestiges de l'art même.

L'assiduité dans les Temples de la Justice ne peut nous faire connoître que les oracles qu'elle rend chaque jour sous nos yeux: quant à ceux des siecles passés ou des Provinces voisines, ils nous présentent un champ plus vaste & plus riche encore. Mais quelles précautions faut-il prendre en moissonnant ces richesses! & qu'elles sont souvent trompeuses!

La question des anciens & des modernes, qui a souvent fait retentir l'empire des Lettres, est quelquefois agitée

dans celui de la Justice : même raisonnement de part & d'autre ; avec cettte différence que la raison de se décider en fait
d'esprit, sont des moyens de se tromper
en fait de jugement.

Sans entrer dans la décision du mérite
réel des uns ou des autres, il est des cas
où l'on doit préférer les modernes,
d'autres où l'on peut s'en tenir aux anciens : cinq ou six regles courtes & simples suffisent pour ce sujet.

2°. Outre le tems où ils ont été faits,
on doit examiner quelles mains nous les
ont transmis, si elles sont assez sûres;
dans quelle forme ils nous sont parve-
nus. .. Observations à faire sur le choix
des sources.

3°. Se rappeller les Provinces pour
lesquelles ils ont été rendus ; car l'espece
d'opposition qui regne, en fait de Jurisprudence, entre divers Tribunaux, rend
inutile d'un côté de la Loire, ou de la
Seine, ce qui a été fait de l'autre : & cela
arrive même sur des matieres où la Coutume n'a introduit aucune différence.

4°. Les circonstances de l'Arrêt, demandent encore des observations.

Embarras.

Des principes pour l'étude des Arréts, l'on passera à ses inconvéniens & à ses embarras : le plus grand vient de leur variation.

C'est un de ces maux nécessaires qu'on ne peut guérir radicalement, mais qu'on peut diminuer. Le zele avec lequel quelques Ministres de la Justice se sont élevés contre cette diversité, n'est pas le langage de la raison : il est des cas où l'on peut changer, mais il faut de grands motifs.

Quand une Jurisprudence a été formée sur une question, il semble dangereux de l'abandonner, sous prétexte de perfection, de mieux juger; ce qui n'est quelquefois qu'un mieux inutile.

Inconvénient des variations.

Ce changement a de trop grands inconvéniens. Qui peut savoir ce nouvel Arrêt? Il n'y a souvent que ceux pour qui il a été rendu, ou ceux qui se seront trouvés à l'Audience. Cependant des Parties ont traité ou contracté sur l'ancienne Jurisprudence ; leurs conseils se sont réglés par-là. L'on trompe la confiance légitime du public: ce nouvel Arrêt ne le rappellera point de son ancienne persuasion.... Tandis qu'une

Chambre d'un Parlement aura rendu ce Jugement , quelqu'autre Chambre , qui l'ignore , peut décider différemment. Ceux qui le connoîtront , le regarderont comme un Arrêt de circonstances , qui ne doit point faire une regle ; ils attendront qu'il y en ait plusieurs conformes. Il faudra que de nouveaux procès soient soutenus sur la même question , & que d'autres Parties recommencent à s'épuiser en frais , pour faire constater que les Arrêts précédens avoient mal jugé.

Un autre inconvénient de cette facilité à quitter les Jugemens anciens , c'est que ces exemples de variation servent pour autoriser d'autres variations. L'on changera , parce qu'on a changé : ce mal se servant de nourriture , se donne des forces à mesure qu'il reproduit des effets ; & se multipliant par lui-même , il doit nécessairement porter quelque jour la confusion à un point extrême.

Non-seulement l'intérêt des particuliers , mais celui même de ces Sénats augustes , demandent qu'ils ne se désavouent pas légérement : leur gloire semble en partie attachée à cette invariabilité. Comment un Tribunal superieur regardera-t il leurs décisions comme sacrées , si eux-mêmes ne les respectent pas. Les Parlemens détruisant l'autorité de leurs Jugemens , se privent du plus beau privilege qu'ils peuvent avoir , qui étoit de donner

seuls des régles immuables à leur Province, par la maturité & la constance de
leurs opinions. L'on a vû, du tems de
nos peres, des Souverains, frappés de la
sagesse de ces oracles, y soumettre leurs
prétentions, & venir en paix attendre
qu'ils fixassent les limites ou les droits de
leur Empire. Pouvons-nous espérer que
des Rois aujourd'hui fassent encore le
même cas de ces décisions, quand aujour-
d'hui on ose à peine les citer.

Prétextes.

Ce systême qui fait qu'on donne si peu
de poids aux Arrêts, & que bien des gens
les regardent comme les plus foibles
armes d'une cause ; cet abus, dis-je, a
deux retranchemens dans lesquels il se
croit invincible : 1°. dit-on, si l'on a mal
jugé jusqu'ici, pourquoi ne pas juger
mieux ? 2°. les circonstances de la question décidée ne sont pas les mêmes que
celles de la question présente. A l'aide
de ces deux motifs, il n'est point d'Arrêt
contre lequel on ne raisonne. Ce qui ne
convient que dans quelques cas, l'on s'en
sert dans tous. Voilà le prétexte des
changemens : voyons les causes réelles.

Vraies causes.

1°. Le peu de soin de recueillir les Ju-

gemens rendus, & de s'en former un fyf-
tême.

2°. La différente maniere dont la même
queſtion peut être traitée dans des tems
différens, ſuivant le degré de force de ſon
défenſeur.

3°. L'incertitude des principes, c'eſt-
à-dire la facilité de les conteſter, & le
beſoin d'une Loi impérieuſe qui impoſe
ſilence. La raiſon ſeule n'eſt point un
appui aſſez ferme : attaquée, combattue,
elle peut être quelquefois victime du
raiſonnement.

4°. L'égalité d'inconvéniens ou de
motifs : car ſouvent il n'y en a pas plus
pour décider une queſtion d'un côté, que
pour la décider d'un autre.

5°. La différence des ſyſtêmes que les
Juges ſe forment pendant un tems, &
qui varient : quelquefois l'Arrêt dans une
Cauſe célèbre, la Juriſprudence même
d'une Chambre dépendra des ſentimens
d'un ou deux de ſes membres, qui, munis
d'un plus grand fond de ſcience, &
doués de plus de facilité dans l'expreſſion,
ſoutiendront leur avis par des raiſons ſi
perſuaſives, qu'ils décideront le reſte des
Juges, & leur feront même abandonner
leur ſentiment.

Suivant que ces têtes ont un penchant
ou à la rigueur du droit, ou à la modération ; ſuivant qu'ils ont adopté certains
principes, les Jugemens rendus de leur

temps s'en ressentent ; ils prennent, pour ainsi dire, une teinture de leur esprit, & changent quand ils cessent d'être.

Remedes.

La connoissance des causes de variation conduit naturellement à en chercher les remedes.

Quant à l'oubli où se perdent les Jugemens, nous sommes moins heureux aujourd'hui qu'on ne l'étoit autrefois (*a*). Dans divers Sénats des recueils exaêts & suivis étoient rédigés par des mains instruites & laborieuses ; mais depuis quelque temps ce systême qui s'est élevé au milieu du Temple de la Justice, & dont le principe consiste à ne point se fier à ses décisions, a pu contribuer à faire négliger une entreprise aussi utile : d'ailleurs rien n'est plus ingrat que les travaux solides.

N'y auroit-il aucun moyen pour ranimer ce zele ? Le fameux Chancelier d'Angleterre fit, dans son petit Traité *de la Justice universelle,* quelques projets sur les recueils d'Arrêts. Nous sommes dans le siécle des vérités & des chimeres ; sera-t-il permis d'en combiner une ?

Dans divers Parlemens, il y a des

____

(*a*) On n'a rien à desirer sur cet article au Parlement de Paris.

conférences fur des matieres de Droit. Q elques jeunes gens s'affemblent ; un ancien préfide. Ne pourroit - il pas y avoir une de ces conférences , deftinée à recueillir les Arrêts les plus importans ?

Ne pourroit-on pas y prefcrire la forme dans laquelle ce recueil devroit être fait, indiquer les perfections qu'on doit s'y propofer ? & pour donner un état plus folide & plus durable à cet établiffement, ne pourroit - on pas même choifir quatre fujets à la pluralité des voix , deux anciens , deux jeunes. Les anciens feroient pour veiller à cette collection, les jeunes pour la faire. Il conviendroit qu'il y eût une efpece de rétribution attachée à cet ouvrage : on en parlera plus bas. Quant à fa forme , il femble qu'il faudroit 1°. un recueil où les Arrêts fûffent , par ordre de date, mis affez au long , avec les raifons des Parties, & l'indication des motifs , à peu près comme dans le Journal du Palais. 2° Un autre recueil fait par ordre de matiere, comme celui de Boniface , mais plus court, qui rapporteroit fommairement la queftion décidée , le motif & la circonftance principale, s'il y en avoit d'effentielle.

A la fin de chaque année on rendroit public au moins le recueil fommaire ; & ceux qui auroient befoin de quelqu'une des queftions qui y feroient indiquées, ponrroient confulter le recueil par ordre de date, qui feroit plus étendu. Cela formeroit une efpece de Journal annuel.

L'élection des fujets devroit fe faire à la pluralité des voix, pour que la préférence fût toujours au mérite, & non pas quelquefois à la faveur, comme cela pourroit arriver fi le choix dépendoit d'un feul. Ce choix devroit appartenir à cet ordre honorable deftiné à réunir l'éloquence à l'étude.

Alors il ne feroit pas néceffaire d'une forte rétribution ; l'honneur d'être choifi feroit déja une récompenfe, pourvu que cette rétribution fuffît pour dédommager les anciens d'une quinzaine ou vingtaine d'après-midi, qu'ils facrifieroient dans le cours de l'année pour voir le travail des jeunes, & le diriger : ce feroit affez. Quant aux jeunes, deftinés à recueillir les caufes, & à faire les extraits, on choifiroit ceux qui ont plus de difpofition que d'occupation, & qui, entrant dans la carriere, ne font pas encore fort employés.

Les avantages qu'ils retireroient de l'ouvrage, foit par les connoiffances du Droit, foit par la facilité de fe former le ftyle, feroit une récompenfe; enfin le commencement de réputation, les lauriers naiffans que cette diftinction leur feroit recueillir, feroit un motif puiffant ; & fi on attachoit une rétribution, ce feroit moins pour payer leur travail, que pour leur faire contracter plus étroitement l'obligation de travailler.

Le defir d'être choifi, d'obtenir les fuffrages de fes Confreres, & d'être chargé d'une commiffion, preuve diftinctive du mérite, feroit un aiguillon qui augmenteroit l'urbanité & les égards; s'ils pouvoient s'augmenter.

Quant aux regles de ces recueils, l'on n'auroit qu'à les former fur le plan indiqué par le Chancelier Bacon, & en ajouter quelques-unes pour avoir l'ouvrage auffi parfait qu'il peut être.

Ils ne devroient fe faire que dans les villes de Parlemens. De-là ces tables de la Loi fe répandroient dans tous les Tribunaux du reffort; & quelquefois les Savans dans les autres Provinces, ou les curieux, feroient charmés de les avoir.

Quant aux fonds néceffaires, une partie naîtroit du travail même, & ce qui manqueroit feroit peu de chofe. Cet établiffement demanderoit quelque regle de détail; mais on ne s'y eft que trop arrêté. Le Lecteur pardonnera l'imprudence de l'avoir propofé, au motif de bien public qui y engage.

On peut joindre cette rêverie à tant d'autres qui ont paru.

Arrêts de réglemens.

Un fecond moyen propre à fixer les

variations, c'est les Arrêts de réglemens. L'honneur qu'ils font aux Parlemens, & aux particuliers qui en font les Auteurs, les moyens pour les rédiger, & pour les examiner plus facilement, feront encore le sujet de ces réflexions.

Les sophismes continuels qu'on fait pour prouver que les circonstances de l'Arrêt font différentes dans des cas très-semblables, demandent quelques regles pour en diminuer l'abus.

TITRE V.

CINQUIEME SOURCE.

Les Usages.

LES *usages* ne font point des Loix, les Juges peuvent en disposer; mais ils font souvent la base des Jugemens, & quelquefois celle des Loix même.

Ils different beaucoup des *Coutumes.* Celles-ci ont été rédigées par écrit, & revêtues de l'autorité publique : elles font fixes & souveraines. L'usage est une habitude, une espece d'accord général de faire telle chose plutôt qu'une autre : c'est une tradition qui se perpetue d'une génération de Jurisconsultes à l'autre; tradition puisée dans deux sources très-différentes , tantôt dans le fein de la fcience, & tantôt dans les ténebres de l'ignorance.

Néceffité de régler fa force.

Quelquefois c'eſt un joug que l'âge veut impofer à la raifon & à l'étude ; c'eſt le dernier retranchement de ceux qui ont dû voir beaucoup, & qui pour cela n'ont pas toujours vu mieux : c'eſt-là où on ne peut les forcer. Le deſtin des hommes eſt d'abufer de tout.

Par cette même caufe , la réflexion rebelle abufe de fes privileges ; & quelquefois la jeuneſſe & l'ignorance ofent demander mal-à-propos aux anciens *raifon de la foi* de leur pere.

De ce défordre mutuel naît un embarras extrême. N'eſt-il point poffible d'y porter la lumiere ? Cherchons des regles pour fixer les droits de l'ufage, pour limiter fon autorité fans la détruire, pour planter les bornes qui doivent féparer fon empire de celui de la raifon.

Ce grand mot, *c'eſt l'ufage*, eſt le pere des abus : il n'en eſt point qui ait plus befoin de regles.

Idées de ces regles.

Toutes les queſtions qu'on peut faire fe réduifent à deux. 1°. Exiſte-t-il ? 2°. Doit-il exiſter ?

Les preuves qu'on rapporte pour établir qu'un usage *est*, sont diverses especes : chacune demanderoit des réflexions & des principes. Cela nous meneroit trop loin pour un essai.

Quant à la seconde question, *doit-il être tel ?* deux solutions différentes : Ou il y a une Loi sur cet article, ou il n'y en a point. Dans ce dernier cas il faut distinguer deux sortes d'usages ; ceux sur la pratique, ceux sur le droit. On n'entrera point ici dans les suites de cette distinction.

S'il y a une Loi, ou il l'interprete, ou il la détruit. Les interprétations doivent naturellement se tirer de l'usage, mais elles sont de différentes especes, les unes soutiennent la Loi, les autres l'éludent, Chaque espece demande des observations qu'on omet ici.

Passons au cas où l'usage a aboli la Loi.

C'est un principe en Droit, que les hommes ne peuvent se délier que de la même maniere qu'ils se sont liés. Ce qui s'est fait par la convention des parties, ne peut se défaire que de la même façon ; ce qui est décidé par un Juge, ne peut se réformer que par un autre : quand on est obligé par un écrit, on ne peut se dégager que par un écrit contraire. Ce principe, confacré par un axiome de Droit, dicté par le bon fens, eft violé lorfqu'il s'agit des Loix, c'eft-à dire de la chofe la plus facrée : & comme un abus en entraîne un autre, l'autorité qu'on a donnée à l'ufage ne s'eft pas bornée où elle devoit. Que d'inconvéniens n'entraîne-t-elle pas.

De fages Magiftrats auront fué pour combiner des Ordonnances ; des Parlemens auront rendu des Arrêts de réglemens, ils les auront médités avec foin. *L'ufage eft contraire*, dira-t-on.... tout eft dit. C'eft le prétexte, & le mot de ralliement de l'ignorance. Ce qui difpenfe de les fuivre, difpenfe de les connoître.

L'abandon, le renverfement, l'altération des Loix, fi multipliés par l'ufage, font-ils toujours le fruit de la fageffe ? ne le font-ils pas quelquefois de la négligence de ceux qui doivent veiller à leur exécution? Premiere caufe. D'autres fois une molle condefcendance, qui fe colore du nom de bénignité & de douceur, & qui fait qu'on craint de mériter le titre de Juge rigoureux, engage à fermer les yeux. Enfin les paffions & les intérêts humains, qui luttent fans ceffe contre les Loix, viennent à bout, après un certain nombre d'années, de les enfevelir fous ce mot fatal de *défuétude*, qui eft aujourd'hui en faveur.

De-là que conclure ? Que ce n'eft pas affez que l'ufage ait détruit ou prétendu détruire un réglement ou une Loi ; il faut que cette Loi ait un inconvénient évident, certain, frappant : & dans le doute, c'eft toujours pour elle qu'on doit fe décider.

Quand elles font faites, il ne faut point juger les Loix, mais juger fuivant les Loix : c'eft une regle généralement connue. Quelques autres principes rameneroient la certitude : rien ne doit être porté à l'extrême.

Quand un ufage eft très-conftant, très-général, & qu'il y auroit un grand boulverfement à faire pour le changer, alors on doit (s'il n'eft pas mauvais) le laiffer fubfifter, quoiqu'il fe trouve contraire à la Loi. C'eft une néceffité : elle eft un mal. La puiffance légiflative peut feule y remédier, en faifant Loi ce qui n'eft qu'ufage, & lui donnant un caractere.

Il faudroit encore diftinguer la Jurifprudence d'un Parlement d'avec les diverfes Jurifprudences des Sieges de fon reffort, & fixer quand ces Jurifprudences locales doivent avoir une autorité, & quelle elle peut être. On en parlera plus bas.

Quand on aura cherché des principes pour fe décider dans la pratique fur ce mot, *c'eft l'ufage*, l'on fera quelque réflexion fur cette partie de notre Jurifprudence, qui, après avoir détruit toutes les autres , fe détruit elle-même , & qui, rendant tout incertain, devient auffi incertaine.

Leurs inconvéniens.

Dans les tems les plus groffiers, on fentit les inconvéniens de la tradition ; on fe vit néceffité de fixer les Coutumes par des écrits. Les mêmes raifons fubfiftent contre les ufages, & ce fiecle eft trop éclairé pour ne les pas fentir.

Ils ne font point affez précis, point affez étendus, ni détaillés, point affez notoires dans les cas peu fréquens ; ils laiffent trop d'arbitraire dans les décifions En un mot, ils ont trois défauts principaux.

Incertitude fur leur exiftence ;........
Diverfité infinie fuivant les lieux ; ....
Variation fuivant les tems.

1°. *L'incertitude.* On entend fouvent plaider, & long-tems, fur ces mots, *c'eft l'ufage, ce ne l'eft pas.* Combien de procès ou d'incidens qui roulent fur ce point. Confultez un ancien fur un cas moins fréquent, il vous dira ; *l'ufage eft tel :* allez-en confulter un autre, il vous affurera que l'ufage eft différent. Les exemples de cette variété ne font pas rares.

L'usage ne doit être que ce que tout
le monde fait ; or tout le monde doit
savoir ce que tout le monde fait. Donc
dè que l'on peut contester un usage, il
n'est plus certain, ou, pour mieux dire,
il n'est plus. Cela ne peut arriver que
sur des cas rares. Dans ces cas on fait
rarement ce qui se pratique, & on l'ignore
aisément.

Il semble que, pour qu'un usage soit
constant, il faut qu'une espece de mur-
mure général s'éleve contre celui qui
l'ose contester. C'est-là le sceau & la
seule marque authentique de l'usage.

2°. *Diversité inutile.* Il est surprenant
de voir la multitude d'usages introduits
sur les points réglés par des Ordonnances
qui doivent être généralement observées.
Combien sont-ils plus diversifiés sur des
articles, sur lesquels rien n'a été fixé. Où
il n'y a point de regle, chacun s'en fait
une.

3°. *Variation.* Comme ils ne sont écrits
nulle part, on les change quand on veut,
& comme on veut. Il ne faut qu'une cir-
constance qui fasse rendre un Jugement
un peu différent, & l'usage varie.

Après avoir indiqué les inconvéniens
qu'il produit, il est naturel d'en chercher
les remedes.

Remedes.

Quant à l'incertitude, il y a plufieurs moyens de tendre à la fixer. Un des premiers feroit de recueiliir les *Actes de Notoriété* : il y a diverfes réflexions à faire fur l'autorité ou la foiblefle de ces actes. Ce travail fait avec choix & avec intelligence, & rendu complet, feroit un des meilleurs ouvrages. Auffi ingrat par lui - même, qu'utile au public, il mérite que l'autorité le feconde & l'anime. Un jeune Magiftrat, digne par fes fentimens de la Maifon illuftre à laquelle il s'étoit allié, protégeoit cette entreprife. La mort a enlevé dès fon printems cette fleur qui naiffoit pour le bonheur de la Juftice. La protection qu'il accordoit à cet ouvrage, augmentoit plus fa gloire que celle de l'onvrage même.

Quant à la variété, on s'en fait un honneur, l'on dit communément dans chaque Tribunal, *telle eft notre Jurifprudence*, il n'y a point de petit Bailliage qui ne fe picque d'avoir la fienne, & même d'en avoir de fingulieres : le mal, c'eft que dans ce Tribunal même on n'eft pas toujours bien d'accord fur cette Jurifprudence.

Il faudroit d'abord fixer les cas, où les Jurifprudences locales doivent avoir une

autorité ; il paroît qu'il n'y en a que deux ;
savoir,

1°. Quand l'usage local a une liaison
avec la Coutume écrite & particuliere de
l'endroit où il s'observe, comme quand il
interprete quelqu'article de cette Coutume.

2°. Lorsque l'utilité d'un canton demande un usage spécial, & quand il est
lié avec le bien de l'agriculture ou du
commerce, comme l'usage de Bresse dont
nous avons parlé au Titre III. de cette
Partie.

Hors ces cas, la Jurisprudence des Parlemens doit-elle faire une Loi générale
pour tous les subalternes ? Ne doit il connoître d'autre usages que les siens ? C'est
ce dont on doute dans bien des Siéges inférieurs.

La raison semble demander cette supé-
r'orité : la dignité de ces corps augustes
semble se joindre à elle pour l'assurer,
sans cela les Parlemens seroient sans cesse
obligés de s'informer des usages des Juges inférieurs, & de leur aller demander
comment on doit juger.

C'est bien assez qu'il y ait douze ou
treize Jurisprudences différentes, sans
qu'il y en ait quatre ou cinq cens.

Enfin, quant aux changemens succes-
sifs qui arrivent dans les usages, les mê-

mes moyens qui contribuent à fixer les Jugemens, & dont on a parlé plus haut, fervent dans ce cas-ci.

TITRE VI.

Sixieme source de nos Loix.

Des Auteurs.

Les Auteurs ont fouvent influé fur les Jugemens, & leurs réflexions ont amené de nouvelles Loix.

Tout ce que nous avons envifagé jufqu'à préfent, n'eft rien en comparaifon de l'étendue immenfe qui s'offre à nos regards. Quel vafte champ pour promener fa raifon, pour la nourrir, pour l'égarer !

Nous parcourrons d'abord la néceffité de l'étude, enfuite fes embarras, fes régles, les opinions dont on doit fe défier ; de-là nous nous arrêterons à la connoiffance des Auteurs, de leurs divers caracteres, de leurs travaux, du fort de leurs ouvrages, des moyens de les rendre plus utiles : enfin nous jetterons un coup d'œil fur la différence des fiécles & les révolutions de cette fcience.

De

De l'étude & de la lecture.

Utilité des Auteurs, ... les principes généraux y sont rassemblés, les Loix, les Arrêts amassés, ... les autorités indiquées, ... les questions y sont approfondies.

Les textes ont souvent besoin d'interprétation ; il faut en saisir l'esprit, en connoître la force : les écrits de ces hommes savans, des plus sages Magistrats, ou des premiers Avocats du Royaume, n'en sont-ils pas les plus sûrs interprétes ?

Joignons à la pénétration, aux lumieres de notre siécle, les réflexions de cette laborieuse & prudente antiquité ; imitons ses recherches, employons-les, & lorsqu'il s'agit d'embellir le trône de la Justice, allons puiser dans ses trésors.

C'est-là qu'on prend le goût du solide, qu'on s'instruit à préférer les vieux principes du bon sens au charme picquant des nouveautés.

La régle que quelques personnes se fert de ne plus citer à autant d'inconvéniens, que celle de citer trop, cet usage dispensera insensiblement de celui d'étudier, quelque jour plusieurs Magistrats croiront avoir assez de leur esprit pour juger, & plusieurs Avocats de leur imagination pour défendre.

Que ne peut-on voiler à tous les yeux,

les embarras de l'étude, & même ses inconvéniens ? L'homme est destiné à marcher sans cesse entre des écueils : un juste
milieu est la route qu'il doit suivre, & il
ne peut, ni la tenir sans peine, ni la quitter sans regret.

La variété des Auteurs, leur opposition, leur multitude, leurs défauts, leurs
masses volumineuses, les dégoûts du
style, le faux des opinions, que d'excu-
ses pour les abandonner !

Je conviens qu'il est dur de passer des
après midi à fouiller des *in-folio*, pour
faire la froide découverte, que Carondas
n'est pas d'accord avec Papon, ou pour
réconcilier le Jurisconsulte Paul avec Ul-
pien, dans des cas, où quoi qu'on fasse,
ils seront éternellement brouillés.

Je sens qu'on est picqué de voir un Auteur, qui décidant une question, dit que
c'est l'avis du plus grand nombre, sans
avoir pris la peine de compter, & d'en
trouver l'instant d'après un autre d'un
avis contraire qui en dit autant.

Il est fastidieux d'avoir à digérer des
amas de raisonnemens accumulés contre
la raison, des tissus de science tramés presque contre la Justice, de s'exténuer l'esprit dans des spéculations si desiccatives,
d'écouter des gens qui parlent dans des
entraves, & je sai par expérience, qu'en
parcourant tout ce qu'un travail obscur &

une fécondité infortunée ont produit , on
n'a souvent que la triste satisfaction de
mésurer l'espace immense des erreurs de
l'humanité.

Maniere d'étudier.

Mais l'étude , la science même a des
régles, à l'aide desquelles elle peut marcher. Qu'elle ne soit point obscure dans
sa profondeur , qu'elle ne soit pas con-
fuse dans la multitude de ses richesses ;
que malgré son étendue elle reste toujours certaine : les régles de l'ordre (*a*),
celles de la clarté , l'habitude de revenir à des points fixes , le soin de se les
former, nous font échapper aux inconvéniens.

Que ceux qui commencent, s'attachent
d'abord à ceux des Auteurs élementai-
res qui possédent le mieux ces qualités ;
nous tenons toujours de la maniere de nos
maîtres ; notre esprit prend une teinture
du leur.

Qu'ils s'en tiennent là pour se faire un
fond de principes , & qu'ils y joignent le
soin de vérifier le texte.

Que pour approfondir en particulier
les matieres ou les questions, ils se livrent
alors aux *in-folio*, mais avec prudence , &c

____

(*a*) On en parlera plus au long.

qu'ils ayent toujours des flambeaux en main pour fe guider.

Qu'ils fe méfient des opinions trop fubtiles, il eft à craindre qu'elles ne réuniffent pas les fuffrages; qu'ils foient en garde contre celles du rigorifme, & qu'ils craignent autant celles, qui par trop d'équité, combattent des Loix particulieres que d'autres motifs rendent néceffaires.

Qu'ils apprennent l'art d'évaluer les Auteurs, qu'ils les pénétrent, qu'ils apprennent à connoître, pour ainfi dire, jufqu'à leur ame même.

Connoiffance des Auteurs.

On fe propofe d'en donner une idée dans l'Ouvrage, dont voici l'effai : on les confidérera d'abord par la méthode qu'ils ont prife : les uns ont traité à fond des queftions détachées, qui n'ont prefqu'aucun rapport entr'elles.

Les autres ont choifi une matiere en particulier, ont cherché à l'approfondir & ont donné des traités :

D'autres ont recueilli des Arrêts,

D'autres ont commenté des textes ; c'eft tous ces Gloffaires & Commentateurs qui ont paru, qui ont commencé la fcience du Droit, & que la fcience perfectionnée a appris à abandonner,

D'autres ont raffemblé les principes les plus communs, Domat, Defpeiffes, Atgou, &c. en ont formé un corps,

D'autres ont recueilli des décisions, ou des définitions par ordre alphabétique.

Voir les différens points de perfection de chacune de ces méthodes, & ceux qui en ont plus approché, c'est ce qu'on se propose.

De-là, examinant les Auteurs en eux-mêmes, on les considérera de divers côtés ; on parcourra des rapports dont chacun influe sur le caractère de leurs Ouvrages.

1°. Leur degré de génie. Cette qualité ne garantit pas des erreurs, mais elle aide à découvrir bien des vérités. Parmi ces vérités, celles qui ne semblent point des découvertes sont les plus sûres : le feu, l'énergie, la persuasion accompagne ses productions. Tels ont été des hommes, dont le nom sera à jamais illustre, un du Moulin, un d'Argentré, & ceux qui les premiers osèrent déchirer un coin du bandeau de l'erreur.

La dureté avec laquelle ils s'élevèrent contre les opinions de leurs prédécesseurs & de leurs contemporains, convient peu à l'urbanité de nos jours, mais ne diminue rien de leur mérite : on sait ce qu'en pensoit l'illustre M. Daguesseau ; *C'étoit*, disoit-il, en parlant de du Moulin, *un génie si profond & si propre à épuiser les matières qui étoient l'objet de ses veilles ;*

que … la lecture, ou plutôt l'étude la plus utile qu'on puisse faire, est celle du Commentaire du titre des Fiefs, pour se former dans la profondeur du raisonnement. Après eux, on a vû renaître d'autres grands hommes. Chaque siécle en a produit, en se lamentant de n'en point avoir ; le nôtre même compte les siens.

Il est très-nécessaire de connoître les Auteurs, par les Provinces dans lesquelles ils ont travaillé, & de savoir ceux, qui dans chaque Province sont plus estimés : la diversité des systêmes de Jurisprudence & de principes, engagent à ne perdre jamais de vûe cet article.

Les divers états des Auteurs influent encore sur le caractere de leurs travaux : ceux destinés à décider & à marquer la vérité, parlent différemment que ceux qui s'occupent à la défendre. Nous avons plusieurs ouvrages faits par des Professeurs de Droit ; ils tiennent tous d'un certain genre, & l'on peut dire que ce ne sont pas les moindres : chaque espéce a ses avantages, chaque mérite est voisin d'un défaut qu'il faut connoître.....

Parmi tous ces Ouvrages, on admirera toujours ce que nous fournissent de Mémoires, de Plaidoyés, ou de Traités : ces Jurisconsultes Orateurs, qui sans autre recommandation qu'eux-mémes, sont devenus respectables à leur siécle, & portant

dans leur ame la grandeur des Demofthe-
nes & des Ciccrons, ont fait triompher
au milieu de l'empire du luxe & de la va-
nité, les avantages du mérite.

Des Ouvrages en général.

Le meilleur Ouvrage laiſſe beaucoup à
déſirer.

Rien de plus rare & de plus difficile que
de faire un bon Livre dans ce genre : ce
n'eſt pas la faute des Auteurs, c'eſt celle
de la matiere.

De grands Auteurs ont fait des changemens dans la Juriſprudence de leur ſiécle & des ſuivans : ces mêmes Auteurs
n'ont pas été ſuivis dans pluſieurs cas ; il
reſte à ſçavoir dans ces cas ſi ce ſont eux
qui ont raiſon, ou ceux qui les ont abandonnés ; il ſeroit aiſé de prouver qu'on
s'eſt quelquefois obſtiné à ſuivre l'erreur
quand ils montroient la vérité, qu'on
s'eſt efforcé de fermer les yeux, lorſqu'ils
préſentoient la lumiere.

Le plus grand Auteur, le meilleur n'eſt
pas celui qui ne s'eſt jamais trompé, qu'on
n'a jamais abandonné ; il n'y en a aucun :
mais c'eſt celui qu'on a abandonné le
moins ſouvent.

S'ils étoient toujours ſuivis, ils auroient
un plus grand privilége que les Arrêts
qu'on abandonne.

Ils ont dans leur cabinet tout le tems

de faire des remarques fur les différens
objets qu'ils examinent : ceux qui font
dans le courant des affaires (quelqu'habileté qu'ils ayent) n'ont pas tous leurs
momens à eux ; ils font charmés de trouver les principes & les faits raffemblés ,
les réflexions toutes faites : lorfque le
choix de l'Auteur eft folide, ils font heureux.

Quant au grand nombre des hommes ,
les Livres font néceffaires , l'expérience
en eft la preuve : dans les plus bas offices
de Juftice , il n'eft perfonne qui n'ait ,
ou ne veuille avoir au moins un Livre ou
deux pour fe guider ; il feroit utile que
l'autorité donnât des facilités aux Particuliers qui travaillent pour perfectionner
leurs ouvrages.

Un Particulier qui écrit , ne peut pas
tout connoître , il a même fouvent bien de
la peine à éclaircir les ufages du lieu où il
eft ; il ne fçait ceux des endroits éloignés
que fur le rapport des autres , fouvent
fort incertains ; il n'a pas toujours des
facilités pour confulter , des Livres pour
approfondir.

Les perfonnes éclairées qui feroient à
même de lui fournir des fecours, penfent-
elles toujours affez bien pour le faire ? Le
gain pour plufieurs , lorfqu'ils font tant
de travailler ; le plaifir ou le délaffement
lorfqu'ils ceffent de gagner : voilà l'alter-
native.

Le gros des personnes sçait peu, les habiles ne sçavent parfaitement que les affaires qui leur ont passé par les mains & qu'ils ont approfondies, & quelquefois encore les sçavent-ils mal, pour n'avoir vû en elles qu'elles, & n'avoir pas examiné leur rapport assez en grand.

Il n'y a point de sentiment qu'on ne puisse combattre quand on abuse des principes.

L'on fait de grands procès sur de petites difficultés quand les objets sont considérables ; & quelquefois des choses très-douteuses, n'occasionnent que de très-petits doutes : c'est la grandeur des intérêts qui fait celle des questions.

Les armes ne manquent jamais à qui veut attaquer ; il n'est rien de si solide qui ne puisse tomber ; je finirai comme j'ai commencé : ce n'est pas la faute des personnes, c'est celle de la matiere.

Situation de la raison dans les différens siecles.

Commençons à ces tems plus heureux, où le Droit Romain fut découvert, & les Coutumes fixées par écrit ; parcourons les Auteurs.

Voyons comment s'est formée cette multitude effrayante de volumes, que le faste de la science & le luxe de l'érudition a étalé dans des amas d'*in-folio*.

E v

Dès que la Collection de Justinien fut retrouvée , les yeux fatigués de l'ignorance s'ouvrirent avec avidité à cette nouvelle lumiere : le premier soin fut d'entendre cet Ouvrage , pour cela on le commenta & on l'entendit moins ; une nuée de Glossateurs s'éleva & obscurcit le jour ; on voulut accorder , compiler , interpréter , telle a été l'occupation du premier siécle.

L'on ne resta pas long-tems à s'appercevoir que ces Loix n'avoient pas été faites pour nous ; on voulut les accommoder à notre pratique : des Auteurs commencerent à former des traités particuliers , à donner des décisions , des conseils , des questions ; ils ouvrirent ce théâtre immense de doutes , se combattirent , subtiliserent.

Dans la confusion de cette premiere incertitude , nos anciens s'accrochoient à tout ; Loi , Histoire , Autorité , tout ce qui pouvoit soulager leur esprit flotant & battu par des raisons opposées , étoit inconsidérément saisi.

On peut voir dans d'Olive & dans quelques Auteurs du quinze & seiziéme siécle, comment Venus , Jupiter , les Assiriens , les Grecs , Virgile , S. Augustin venoient aider à traiter une question d'hipothéque ou de donation.

Une troisiéme claſſe plus voiſine de la raiſon leur a ſuccédé, elle a choiſi ce que tous les autres eurent de meilleur, & raſſemblé les ſentimens.

La plûpart des Auteurs du dernier ſiécle n'oſoient penſer ſeuls, ils cherchoient les avis des autres, les réputations décidoient les queſtions.

On mettoit tant de champions d'un côté, on en oppoſoit tant de l'autre, & on triomphoit par le nombre ou par le nom.

Ce ſiécle laborieux & incertain raiſonnoit par troupes ; dans notre ſiécle pareſſeux on eſt bien plus décidé ; l'une & l'autre méthode a ſon bon, le milieu vaudroit mieux encore.

Cependant la Juriſprudence des Parlemens varioit & introduiſoit de nouveaux principes, ou fixoit l'incertitude des anciens ; une quatriéme claſſe a paru, a compilé les précédentes & y a ajouté, tels ſont les derniers qui ont écrit.

Ils citent leurs prédéceſſeurs ; ſi nous allons à ceux qui ſont cités, ils nous renverront de même à d'autres qui nous feront encore remonter plus haut : ce qu'il y a de déſagréable dans cet enchaînement de citations, c'eſt qu'il ne nous montre quelquefois qu'une filiation d'erreurs, dont le principe examiné s'évanouit.

E vj

Ce malheur ne doit pas dégoûter : la Jurifprudence n'eſt point un ouvrage d'imagination ; on ne peut forger , ni les Arrêts , ni les uſages , ni les autorités , il faut les chercher , heureux s'ils n'étoient pas noyés dans des abîmes de prolixité.

L'on doit ſçavoir grê à ceux , qui donnant des choſes , nous évitent l'ennui de lire des mots & le regret d'acheter du papier.

L'uſage s'eſt introduit de dilater un manuſcrit fort court par la groſſeur du caractere , les interlignes , les marges , & quelquefois , en ſuivant le même principe dans la compoſition , on étend peu de choſes en beaucoup de phraſes , & on fait un Livre de ce qui ne devroit faire qu'une lettre , laquelle même ne ſeroit pas fort utile.

Cet uſage qui eſt devenu commun dans toutes fortes de genre, a ſon fondement dans un vice des réglemens ſur cette matiere ; c'eſt une des cauſes du ton ſuperficiel , le plus dangereux de tous les tons pour le bien public.

Il ne ſera point inutile de repaſſer les tems qui ont précédé la découverte du Droit Romain, & qui ont fondé une partie de nos uſages : de remonter juſqu'au premier ſiécle de la Monarchie , de voir les différens âges de notre ſageſſe, de voir la liaiſon que la culture des ſciences a avec la perfection des Loix, d'ébaucher à grands traits l'histoire de la raison, d'observer son rapport à la puissance des Empires, son caractere chez les différens peuples, dans les différens tems, de voir ce qu'elle a dû au génie, de la voir chez les premiers humains, sortir des antres & des rochers.

Mystérieuse en Egypte, se cacher au fond des temples, & ne se montrer que sous des hyerogliphes.

Populaire dans la Grece, enseigner publiquement, se communiquer sous des portiques, forger des systèmes, & allant quelquefois jusqu'au déraisonement, s'enfermer dans un tonneau, se couvrir de haillons, & porter tous les simptômes de la folie.

Grave dans les Romains, s'attacher à l'art de conduire les hommes, & marcher à l'empire du monde.

Portée par ces vainqueurs dans les climats que nous habitons, se perdre sous un déluge de barbares, renaître sous Charlemagne, se reperdre, reparoître encore il y a deux siécles, & de nos jours monter la gloire du nom François au plus haut degré.

La voir traverser les mers sur les vaisseaux de Colomb, aller découvrir des contrées immenses, les étonner par les machines qu'elle avoit inventées, & les subjuguer par leur étonnement.

De voir dans tous les siécles, dans tous

les tems, les Nations groſſieres plier ſous celles qui cultivoient les arts, la férocité céder à l'induſtrie, & l'adreſſe ſubjuguer la force.

De voir enfin chez tous les peuples, qu'après qu'elle les a portés au plus haut point, qu'elle & les arts ont été au ſuprême degré de perfection, alors plus foible que jamais, elle les a laiſſés ſubjuguer & diſſoudre.

Par quelle fatalité, les Nations qui n'étoient que dans le crépuſcule & dans l'aurore, ayant vaincu après de longs combats, celles qui étoient dans la nuit, ſontelles devenues tout-à-coup, dans le tems de leur perfection, la victime de ces peuples obſcurs?

Pourquoi vit-on les talens & la politique de la Grece plier ſous la ruſticité des Romains, & Rome elle-même, ſous des eſſains de payſans échapés du Nord, & conduits par des Chefs auſſi payſans qu'eux? La Ville de Conſtantin, l'Empire d'Orient, le centre de la lumiere, ſous l'ignorance de Mahomet?

Qu'on n'attribue point ces révolutions à une fatalité, à des concours d'événemens fâcheux : ces événemens ont des cauſes, cherchons-les dans ces peuples mêmes.

Si, dans ces ſiécles de perfection, les pertes ſuccéderent au progrès, c'eſt qu'a-

lors il y avoit beaucoup d'habiles gens,
& peu de grands hommes : les détails
étoient mal remplis, les subalternes ne
secondoient pas les chefs.

C'est que dans ces tems, la facilité de
paroître avoir du mérite, met à même de
s'en passer ; ... les moyens de ressembler
à ce qu'on n'est point, se font perfectionnés comme toutes les professions ; .....
c'est que tout devient apparence, écorce,
ombre, simulacre, c'est que l'art de tout
tromper, de tout éluder, l'art des abus
s'est accru avec l'esprit.

C'est que le discernement lui-même,
& la bonne intention étrangere au milieu
d'une foule de mérites, sont aussi embarras-
sés dans le choix, qu'un sauvage le seroit
au milieu d'un amas de clinquans dorés,
pour distinguer les feuilles d'or qui y
seroient mêlées.

Joignons-y l'autre raison si connue ; à
Athenes, à Rome, à Bisance, il est arrivé, qu'insensiblement chacun voulu
s'enrichir par d'autres voies que celles
qui tendoient au bien public ; l'intérêt
commun se trouva séparé de l'intérêt particulier, parce que ce dernier étoit mal
dirigé.

En parcourant les monumens qui nous
restent de ce beau siécle, nous voyons le
goût de l'opulence tout attaquer, la licence s'y joindre, & le principe de la

force fe perdre. En jettant les yeux fur les peuples & les citoyens de ce tems-là , on croit voir un Pays où les habitans ont une maladie épidémique , & dont toutes les partis font attaquées ; les bras & les jambes font énervés , les yeux ont une humeur qui les altere , les verres dont on fe fert pour fuppléer à la vûe ont été travaillés par des ouvriers foibles & languiffans , & ne font pas d'un criftal pur ; les têtes , les eftomacs font affoiblis , les cœurs ne valent pas mieux que le refte.

Telles font les caufes qui ont amené toutes les chûtes.

Que les peuples qui font , s'inftruifent par les malheurs de ceux qui ont ceffé d'être , chacun y eft intéreffé : les maux publics font toujours naître des miferes domeftiques. Sont-ils donc fans remédes ? Non, fans doute.

Il eft des moyens de foutenir les mœurs & les fentimens à mefure qu'ils chancellent ; de rendre à chaque mérite , à chaqu'efpéce de bien , à chaque profeffion l'eftime qui lui eft dûe ; de répandre dans tous les Etats l'amour de l'Etat même, d'encourager tout ce qui eft louable (*a*) ,

____

(*a*) La fageffe de l'Académie Françoife en a donné un exemple , en propofant pour objet de difcours , les éloges de deux Sujets fideles & illuftres , qui ont egalement fervi le Prince & la

de réprimer ce qui est nuisible , de tout
conduire à l'utilité commune.

Où trouvera-t-on ces moyens? Dans de
bonnes Loix combinées avec prudence.
Celles qui forment le droit civil , & qui
concernent directement les Particuliers ,
ont souvent rapport au bien général ; c'est
cette liaison que l'Auteur de cet Essai s'est
proposé d'examiner.

Patrie , (M. le *Maréchal de Saxe* & M. le *Chancelier D'Aguesseau*). Rien de plus puissant que l'e-
xemple & l'émulation. Les louanges qu'on donne
aux grands hommes qui ne sont plus, en font renaître d'autres.

Il y a d'autres moyens aussi simples & plus forts,
l'art est de prevoir les abus & de les empécher.

Il est surprenant qu'un ouvrage très - fameux ,
ait posé pour principe l'inutilité des mœurs dans
un Royaume.

Tous ceux qui pensent bien aiment mieux celui
qui a dit , que » la vertu est en recette pour le tré-
» sor public, & le vice en dépense ; que les gens
» de bien sont à la décharge de l'État, & les
» corrompus à sa charge «.

TROISIEME PARTIE.

Des Jugemens.

Après quelques observations dans le Titre premier de cette Partie sur l'exercice de la Justice & le choix des Ministres, on passe à leurs fonctions dans le Titre II. de-là on examine au Titre III. les principales sources des contestations & les moyens de les diminuer.

On parle dans le quatrième des maximes de décision : c'est-à-dire, des règles qui font, quand la Loi manque, ce que la boussole fait, lorsque les astres sont cachés aux yeux du Pilote.

Dans le cinquieme Titre, on fait quelques réflexions sur cette partie de l'esprit qu'on nomme jugement & populairement finesse, & sur les moyens d'augmenter la justesse.

TITRE PREMIER.

De l'exercice de la Justice.

Sera-t-il permis de s'arrêter un moment à l'utilité de cette fonction, & au

foin qu'on doit prendre pour former des
Miniſtres dignes d'elle !

Il eſt beau de les voir diſputer d'em-
preſſement avec le Militaire pour le
ſervice de ſes maîtres, s'attribuer la
gloire d'être les plus zélés pour la dé-
fenſe de ſes intérêts & de ſon autorité, & prétendre contribuer davantage à
la maintenir.

N'outrons rien, voyons les choſes dans
le vrai jour : ce qui a été dans tous les
tems eſt encore aujourd'hui : toutes les
fois qu'un nombre d'hommes s'eſt réuni
dans un même lieu, ou ſous un Chef, il
leur a fallu deux choſes très-différentes,
des remparts & des Loix.

Chacune de ces choſes leur eſt indiſ-
penſable ; les remparts contre les étrangers ; les Loix contr'eux-mêmes, ou plutôt contre leurs paſſions.

C'eſt la ſageſſe de ces Loix qui maintient l'ordre, la ſubordination, l'abondance, la paix dans l'intérieur, & qui met
à même de triompher des ennemis du
dehors.

Les armées furent néceſſaires à nos premiers Rois pour conquérir leur Empire,
peu à peu leurs bienfaits rendirent puiſſans les Chefs & les ſubalternes.

Le plus habile de nos anciens maîtres,
Charlemagne ne craignit que cette puiſſance que ſes prédéceſſeurs n'avoient que

trop accrue. Mais grand & heureux, il
pensa à les amuser par des guerres, &
pour rester maître dans son Etat, il cher-
cha à en conquérir d'autres.

Pendant que la Noblesse étoit hors de
chez elle, il éleva le Clergé, rétablit les
droits des Citoyens, & fit cette multitude
de belles Loix que nous admirons encore.

Charlemagne mourut, & son génie se
perdit avec lui : l'on crut que sa grandeur
avoit été dans sa milice : l'on s'attacha
à elle, plus on lui accorda de faveurs, plus
elle prit de force & fut en droit d'exiger,
l'avidité des hommes croît à mesure qu'elle
se satisfait, & si leur puissance augmente
en même tems, à quelle progression le tout
doit-il aller ?

L'on sçait ces tems affreux où nos maîtres sans pouvoir, voyoient avec douleur
ces vastes Pays peuplés d'esclaves & de
tyrans.

Ç'a été une maladie dans tous les siécles grossiers, de ne voir sa force inté-
rieure que dans ce qui fait la force exté-
rieure.

C'est bien mal connoître la nature des
choses. Qu'est-ce qu'une armée ?

Une assemblée de Chefs qui veulent
commander & de gens sans aveu qui veulent vivre ; c'est une chose destructive par
elle - même. Ce sang, ce carnage, ces
meurtres les accoutument à tout : les pas-

fions y font plus vives , plus dangereufes que dans les Citoyens ; c'eſt le centre de la violence : peut on fe conferver long-tems , par ce qui n'eſt fait que pour exterminer ?

Il y a plus de cent ans qu'on eſt revenu de cette erreur , & que l'on connoît la vraie utilité de chaque chofe.

Dès qu'on ne peut plus rien fans eux , & qu'ils le fentent , le mal eſt fans remede ; nos Monarques ayant dans eux le centre de la puiſſance , n'en communiquent à chaque ordre que ce qu'ils veulent , & dans une telle égalité que l'un ne peut furpaſſer l'autre ; c'eſt dans cet équilibre qu'eſt leur vraie force & notre bonheur.

Il y a depuis long - tems une efpéce de rivalité entre les divers états , & une infériorité attachée à la Robe. Quand la Nobleſſe dédaigna ces fonctions & les laiſſa paſſer en d'autres mains , elle fit tout ce qu'elle pouvoit faire de plus heureux pour le peuple. Si les Seigneurs rendoient encore la juſtice eux-mêmes dans leurs Terres les Payfans & les Bourgeois feroient à peu près comme ils font dans le Nord & en Pologne.

Les Seigneurs font gradués en Allemagne , d'où peut venir ce mépris parmi nous ?

Le Sénat chez les Romains , (c'eſt-à-dire la premiere Nobleſſe) , rendoit la juſtice ; ce ne fut que par le droit de juger & comme organe des Loix , qu'elle maintint ſon autorité dans la République : ſans cet avantage le peuple l'auroit abattue ; elle lui dût ſa ſplendeur.

L'importance de ce droit l'a rendu une ſuite de la ſouveraineté.

Les Rois ſont l'image de la divinité, celle de leurs fonctions par laquelle ils lui reſſemblent le plus , c'eſt en jugeant les hommes, ou en établiſſant à leur place des ſujets, qu'ils chargent de ce ſoin.

Concluſion.

Si cette Partie eſt ſi intéreſſante , ſi c'eſt elle qui maintient cet ordre d'où naît toutes ſortes de biens , quel ſoin n'exige pas le choix de ceux qu'on y employe , & quelle attention ne doit-on pas avoir à former de jeunes plantes dignes de ſoutenir le trône de la Juſtice ?

Que penſeroit-on d'un peuple, où ceux qui naîtroient pour commander les troupes, ne paſſeroient les premieres années de leur vie qu'à recevoir des leçons de baſſeſſe, de perfidie , de lâcheté, où ils ne s'inſtruiroient qu'à fuir, à courir avec légéreté.

La crainte du travail, eſt pour les Magiſtrats , ce qu'eſt celle du combat pour les troupes, la licence eſt une trahiſon. Quels biens pourroient naître de germes pareils ; le tout ne ſe reſſentiroit-il pas du deſſéchement de cette partie ?

Il y a des maisons consacrées à élever les Ministres des Autels, & des revenus destinés à les récompenser, ceux des Loix sont-ils moins précieux (dans l'ordre civil)? Les Souverains dans les derniers siécles ont établi des Universités, ils leur ont donné des priviléges & des réglemens; ils ont fait ce qu'il y avoit de mieux pour leur tems, ils en ont recueilli les fruits; ne reste-t-il aucun bien à faire dans cette partie, & donnant des récompenses à la vieillesse, des instructions à la jeunesse, est-il impossible d'accroître le mérite?

Mais que ne peut-on point espérer dans un siécle où tout se perfectionne, où l'on voit pour le Militaire construire un édifice immense, y donner à de jeunes cœurs tous les secours nécessaires pour s'instruire dans l'art destructeur, des Héros & dans le sein de la Capitale élever le plus ferme boulvart des frontieres?

Que n'attendrons-nous pas d'un régne, où l'on a vû établir un Tribunal pour perfectionner la législation & le remplir de Magistrats aussi distingués par leurs sentimens que par leurs lumieres?

TITRE II.

Des fonctions des Juges.

1°. CONNOÎTRE la Loi.

2°. L'appliquer aux cas particuliers.

3°. Quelquefois l'expliquer quand elle est obscure.

4°. Souvent la suppléer.

5°. Tantôt l'étendre ou la restraindre dans des cas douteux.

6°. Tantôt enfin, en concilier de contraires , telles font les opérations qui exercent fans cesse le ministere des Juges.

Il est des régles pour faciliter ces opérations : dans chacune , il y a des routes qui conduisent à l'erreur , d'autres qui menent à la vérité , elles méritent d'être approfondies ; l'on n'indiquera ici que ce qui regarde le premier des six articles.

Connoître la Loi.

L'Auteur de cet Ouvrage, n'avoit voulu que se tracer une marche dans ses études, & non point faire des observations qui dussent voir le jour ; il pensoit plutôt à chercher des leçons pour lui-même, qu'à en rassembler qui puissent servir aux commençans ; la nécessité d'épurer ces Réflexions pour les mettre en état de paroître , lui sera d'une nouvelle utilité.

Une étude profonde des Loix ne donne pas une grande netteté de jugement, lorsqu'on ne les lit que pour les sçavoir.

Il faut se faire des principes de décision à mesure qu'on augmente , par la multitude & la confusion des régles , l'embarras de se décider.

2°. Il y a deux études différentes, celles

des

des principes généraux , & celles des détails , chacune a ses régles.

Le Magistrat qui cherche à se former un fond de science, doit commencer par la premiere de ces études. Les principes généraux sont comme des troncs ou des meres branches qui portent une infinité de petits rameaux & qui conduisent l'œil depuis la racine jusqu'aux extrémités des feuilles , ces extrémités sont les cas particuliers.

Cet Essai n'entrera point dans le détail de ce qui peut faciliter l'une & l'autre étude en particulier, il ne dira qu'en général ce qui convient à toutes les deux.

1°. Il faut toujours connoître les termes mêmes de la Loi qui doit décider. Dans ces termes , un seul mot est quelquefois un trait de lumiere d'où naît la décision. Quoiqu'on soit sûr de la justesse des citations , il est toujours utile de les vérifier : celui qui cite a pû envisager la Loi dans un sens , & en l'examinant on lui découvre quelquefois un nouveau rapport.

2°. Ce n'est point assez d'en lire les termes, mais pour sçavoir quand elle doit avoir lieu , il faut examiner son origine , ses motifs.

Quant aux anciennes Loix que le tems a altérées ou abolies , quoique leur autorité soit détruite , leur caractere & leur principe vit encore dans l'usage , & il est

F

quelquefois utile d'y remonter, de lire les écrits qui ont précédé la rédaction de la Loi, ou ceux qui ont été faits dans le même tems. Que de frivolités ! que d'ennuis à dévorer ! Travaux cependant néceffaires dans deux cas ; 1°. lorfqu'il faut fe décider dans de grandes affaires ; 2°. lorfqu'il s'agit d'examiner un de ces principes fondamentaux qui font la bafe de plufieurs autres.

Il faut que le Juge remontant ainfi, examine la généalogie des Loix, les fources d'où font forties ces différentes idées, & fe mette dans les mêmes réflexions qu'a faites le Légiflateur lorfqu'il a parlé.

3°. Il y a plufieurs Loix fondamentales pour lefquelles il faut examiner les diverfes modifications qu'elles ont éprouvées & les premiers Arrêts qui ont été rendus, fuivre dans les différens fiécles, les progrès de la Jurifprudence : le Droit Romain a eu cinq ou fi états, le Droit François en a eu beaucoup plus.

Les changemens qu'ont éprouvé les Empires, les variations de la raifon dans les différens fiécles, les variations des mœurs font les trois fources de cette mutabilité perpétuelle des Loix.

On pourroit faire l'hiftoire de chacune comme celle de chaque famille, avec la différence que la premiere feroit plus utile.

4°. Une opération qui répand fouvent

beaucoup de lumiere, c'eſt de rapprocher une Loi de ſes voiſines, de la voir au milieu de toutes celles qui y ont rapport & de l'y conſidérer.

Il y a nombre de cas où la vérité ne peut ſe trouver qu'en la cherchant par cette route : de-là vient que tous les ouvrages qui réuniſſent les objets & qui les enviſagent en grand, ou pour ainſi dire dans une ſeule maſſe, ſatisfont l'eſprit humain & l'éclairent, comme ceux qui les découſent & qui les rangent par ordre de lettres, ou par parties détachées, favoriſent l'erreur & ne plaiſent qu'à la pareſſe.

Ces quatre points, péſer les termes d'une Loi, examiner ſon origine, voir les changemens qu'elle a éprouvé, la comparer à celles qui s'y rapportent, ſont les moyens de la connoître parfaitement.

Ce n'eſt pas tout de donner les préceptes, ils ne ſervent ordinairement qu'à nous rappeller ce que nous ſçavons déja, & ne nous rendent pas plus habiles. L'eſſentiel eſt d'apprendre à l'eſprit à ſuivre le précepte; de lui propoſer des cas particuliers, de le conduire d'une opération à une autre, & de l'habituer ainſi à faire ce qu'on lui conſeille. C'eſt l'objet de l'Ouvrage, dont on donne ici le plan.

On vient d'entrer dans quelqu'examen de la premiere fonction du Juge, connoî-

tre la Loi; on parcourt ainſi les autres
cinq articles , & il n'y en a aucun , où il
n'y aye des principes à développer , qui
ſont auſſi utiles aux étudians que les bâ-
tons aux aveugles.

La ſeconde opération eſt *d'appliquer*
les Loix ; leur application eſt toujours
une queſtion , quelques réflexions aident
à ſe décider dans les cas douteux.

Expliquer la Loi ; dans le principe, le
droit d'interpréter les Loix dépend de
celui de les faire ; dans l'uſage , les Juges
interprétent les Loix Romaines & les
Coutumes , & le Souverain les Ordonnances.

Reſtraindre , cet article demande diverſes obſervations.

Quelles Loix doivent être reſtraintes ?
Loix de *fiction* , Loix *pénales* , Loix de
faveurs qui nuiſent à des tiers.

Dans quel cas doit - on les reſtraindre ?

Quelles ſeront les bornes qu'on doit impoſer à l'envie de les reſtraindre ? Et quels
dangers y a-t-il à la porter trop loin ?

Des cas particuliers & des exemples,
éclaireront ces queſtions.

Des réflexions ſur ces objets, ſont très-
propres à augmenter le goût du travail
que les difficultés étouffent ; elles ont dirigé les études qu'on a commencé à im-

primer, & ces études les ont fait multiplier ; les unes ont crues, pour ainſi dire,
à l'ombre des autres , & ſe ſont mutuel-
lement étayées dans leur foibleſſe.

TITRE III.

Des ſources des Procès.

CHERCHER les racines des Procès,
c'eſt chercher celles des queſtions de
droit. D'où naiſſent-elles?

De l'obſcurité des Loix.

De leur affoibliſſement par leur dé-
ſuétude.

De leur oppoſition.

De leurs omiſſions.

De certains principes généraux , qui
ont été reçus ſans qu'il y aye eu de Loix
poſitives pour les introduire ; l'étendue de
pareils principes , leur force , donne lieu
à une multitude de conteſtations , notre
Juriſprudence eſt pleine de ces exemples.

Les queſtions naiſſent du combat que
forment entr'elles des conſéquences tirées de deux Loix différentes.

Elles naiſſent de la nature de pluſieurs
choſes mal éclaircies.

On voudroit parcourir ainſi les différentes ſources de queſtions,... choiſir les
plus fréquentes,... voir les principaux Jugemens qui ont été rendus,... chercher les
motifs de ſe décider,... dans le doute, ſe

conduire, ou par les principes des Loix développés dans la premiere Partie, ou par les maximes des décifions dont on va parler dans le Titre fuivant.

Pour donner ici une idée des rec'er-ches qu'on fait fur ces objets, arrêtons-nous un moment aux Procès qui naiffent de la nature des chofes mal expliquées par les Loix ; par exemple de la nature des Fiefs, des biens d'Eglife, des mino-rités, des dots.

On examine d'abord d'où naiffent ces difficultés, elles viennent ; 1°. de ce que la nature de la plûpart de ces objets n'eft pas une chofe fimple & une, mais le ré-fultat de différens changemens qui fe font faits pendant plufieurs fiécles ; ce qu'elles étoient au commencement de la Monar-chie, ne reffemble pas plus à ce qu'elles font aujourd'hui, que les anciens habille-mens reffemblent aux nôtres ; 2°. elles viennent fouvent des raifonnemens im-menfes des Auteurs, qui ne regardant qu'un coin de la chofe, fe font appéfan-tis & perdus dans des examen de détail.

Des fources de difficultés, il faut paffer aux moyens de les diminuer, fe former des régles pour éclaircir la nature des chofes, & fixer les cas où l'on ne doit pas fe décider par elle ; il y en a plufieurs.

En parcourant ainfi chaqu'efpéce d'em-barras, on tâchera de trouver les moyens d'en fortir.

TITRE IV.

Des maximes de décision.

Lorsque l'on forma ce corps de Loix, qui a été appellé le plus bel ouvrage de l'esprit humain ; on y mit, dans un Titre séparé, un Recueil de maximes, intitulé, *Régles du Droit*. Ce titre annonce beaucoup, & donne peu. C'étoit la partie la plus utile, ce fut la plus négligée.

Il étoit plus aisé de tronquer, & de mettre en morceaux les Ouvrages des Jurisconsultes, que de former un systême & un enchaînement de tous les principes de la Justice.

Entre plusieurs défauts qu'on y remarque, M. le Chancelier Daguesseau, dans sa petite Instruction sur l'étude du Droit, en a indiqué deux, & n'a pas eu besoin de toute sa pénétration pour les découvrir ; il y a, dit-il, peu d'ordre & beaucoup d'omission ; elles ont un autre vice bien essentiel, c'est que chacune de ces régles est donnée généralement ; on n'en indique ni les bornes, ni l'application : delà vient l'abus malheureux qui s'en est fait dans tous les tems.

Le Législateur nous a ménagé une nouvelle source d'erreur dans l'Ouvrage même, qui devoit être le reméde des erreurs.

C'est à l'occasion de ce Titre, que M.

F iv

Daguesseau ajoute la réflexion qu'on a mise au commencement de cet Essai : *En corrigeant*, dit-il, *ces deux défauts*, *on pourroit rassembler toutes les régles qui manquent dans ce Titre*, *& qui sont dispersées dans d'autres*, *& les distribuer par matiere dans leur ordre & dans leur enchaînement naturel* ; . . . *on auroit l'avantage de recueillir dans un très-petit volume toute la substance*, *& comme tout l'esprit de ces principes généraux qui sont dictés par la Loi naturelle,& qui influent dans toutes les décisions des Juges. Cet Ouvrage*, ajoute-t-il ailleurs, *seroit d'une grande utilité* (a), c'est ce qu'on tentera d'ébaucher, mais avec cette différence ; 1°. que le total des principes doit former plus d'un très-petit volume ; 2°. qu'il faut puiser ailleurs que dans les Titres du Digeste, les régles des Jugemens, sur-tout parmi nous.

______

(a) Il seroit à souhaiter qu'un aussi beau génie que M. Daguesseau nous eût laissé un ouvrage plus étendu sur l'étude du Droit ; le sien ne contient que des conseils à un jeune homme sur le choix des Auteurs, & il ne forme qu'une vingtaine de pages. Celui du Chancelier Bacon n'est guéres plus considérable, mais d'un autre genre : ces deux ouvrages ne se ressemblent qu'en un point, ils disent souvent ; faites telle chose. Ils nous donnent des préceptes que nous sentons ; mais ils ne nous donnent pas le moyen de faire, que leurs auteurs avoient si bien trouvé.

Que de regrets ces esquisses ne doivent-elles pas nous causer ! mais les grands hommes ne sont faits que pour produire des regrets. On ne leur laisse pas le tems de répandre leur lumiere sur les siécles suivans, le leur se hâte d'en profiter.

Pour s'en convaincre , il n'y a qu'à jetter les yeux fur la deuxiéme Partie de cet Ouvrage , qui traite des Arrêts , des ufages , des Auteurs , &c.

Pour ne laiffer aucune confufion dans l'ufage de ces régles, on les diftribuera, non pas feulement fuivant les maticres où elles s'appliquent, mais par l'ordre de leur nature & de leur fondement ; un mot expliquera ceci , elles font en général de quatre efpéces.

1°. Maximes d'équité.

2°. Maximes de Jurifprudence.

3°. Maximes de légiflation.

4°. Maximes , de fimple vérité.

Cet ordre paroît extraordinaire , l'explication le rendra fimple.

§. 1. *Maximes d'équité.*

Sous ce Titre , on raffemblera les principes conformes à ceux-ci ; Chofe vicieufe dans fon commencement , ne peut devenir valide par fa continuité, Reg. 29. *(a)*, Qui a empêché de faire une chofe, doit la tenir pour faite , 35. & 560. Nul ne doit profiter de fon injuftice , 134. Qui a promis de donner gratuitement , n'eft tenu qu'autant qu'il peut donner : Qui ne peut

---

(*a*) On cite ici le chiffre des régles de Droit, tous ces axiomes en font tirés. On les a mifes en François, & quelquefois plus brievement qu'elles ne font en Latin , mais on a tâché qu'elles ne fuffent ni moins folides ni moins fortes.

pas empêcher une chofe , ne doit pas en répondre , Reg. 50 , 109 , & ainfi de plufieurs autres.

Ces maximes d'équité , quoiqu'étant la bafe de la Juftice , ne décident pas toujours ; il y a nombre de cas qui fe réglent par d'autres principes.

§. 2. *Maximes de fimple vérité.*

On comprend fous ce Titre , des maximes qui ne font pas tirées de ce goût d'équité , mais du fein de la vérité : ces régles appartiennent prefqu'autant au Géometre & au Métaphificien, qu'au Jurifconfulte : par exemple ; Nul ne peut donner plus de droit qu'il n'en a , Reg. 54 ... Qui peut le plus, peut le moins, 35 .... Qui détruit le principal,détruit les acceffoires , Reg. 129. 178 .... Qui n'a jamais eu , ne peut ceffer d'avoir : .... Ces éternelles vérités conduifent quelquefois dans de grandes erreurs , en fait de Jurifprudence , & quelquefois font de traits de lumiere ; ... on cherche des principes fur ces deux effets différens.

§. 3. *Maximes de Jurifprudence.*

On peut en diftinguer de deux fortes ; les unes particulieres à chaque matiere comme celles - ci ; Les claufes obfcures s'interprétent contre le vendeur, ... L'in-

tention du Teſtateur eſt la premiere régle; ... Les actes d'un mineur ne ſont pas
nuls d'eux-mêmes, mais peuvent le devenir lorſqu'ils lui ſont défavantageux ;
ainſi d'autres maximes ſur des inſtitutions
particulieres, ſur les Fiefs, ſur le mariage,
ſur la minorité ; il eſt néceſſaire de connoître ces principes, leur force & leur
abus ; c'eſt ſouvent par elles que ſe décident les conteſtations les plus conſidéra-
bles. Lorſqu'il n'y a point de Loi préciſe,
ou lorſque les Loix combattent, ce n'eſt
qu'à une maxime qu'on peut avoir recours
pour faire le choix

Il y a outre cela des maximes plus générales, qui conviennent à diverſes ſortes
de matieres & qu'on peut nommer des
maximes des Juges, parce que c'eſt prin-
cipalement à eux qu'elles ſervent, & que
leur uſage eſt dans les cas incertains . par
exemple celles-ci ; Trop de rigueur eſt injuſtice ; ... De deux inconvéniens choiſir
le moindre ; ... Nul ne peut ſe faire juſtice
lui même ; ... Ignorance groſſiere eſt faute;
... A titres égaux la poſſeſſion décide
&c. On peut ranger dans cette claſſe des
maximes générales, celles dont on a parlé
au Titre des fonctions des Juges, & qui
ſervent à les guider lorſqu'il faut étendre, reſtraindre, interpréter, concilier
les Loix, ſe décider dans des circonſtan-
ces & des faits douteux.

F vj

§. 4. *Maximes de Légiſlation.*

La Loi eſt l'ame de la Société, le Juge eſt le Miniſtre & le dépoſitaire de la Loi, les maximes qui auront rapport à ce Titre feront développées dans la premiere Partie où l'on parle de la légiſlation en général.

Regles ſur les maximes.

L'application des maximes. fait leur juſteſſe ; la premiere attention eſt de ne les pas ſortir de leur eſpéce, de ne pas ſe décider par une régle d'équité lorſque l'on doit en ſuivre une de Juriſprudence, ou de bien public.

On tâchera de développer des régles ſur le choix des maximes, & de donner des exemples de leur déplacement ; il y a deux moyens de ſe tromper.

1°. Mal choiſir ſon principe ; 2°. D'un principe bien choiſi, tirer une fauſſe conſéquence.

TITRE V.

De la juſteſſe du Jugement.

CETTE qualité ſert à tout, c'eſt elle qui donne la prééminence aux talens qu'elle accompagne ſur ceux qui marchent ſans elle. Quand elle ſe joint à la vivacité & à la force, elle fait les hommes ſupérieurs.

Que de gens charment par leurs faillies
leur pénétration , & font pitié par leurs
fotifes ! Les fotifes dans la conduite viennent ordinairement d'un défaut de Jugement.

L'efprit, l'imagination eft quelquefois
le plus mauvais préfent que la nature nous
ait fait. L'habitude de faifir rapidement un
côté d'une chofe , & de fe décider à l'inf-
tant d'une façon éblouiffante , le zéle même pour le bien , l'amour impétueux de la
vérité , nous entraînent dans l'erreur.

Le génie devient un avantage plus fu-
nefte encore , fi l'on n'affure fes pas par la
réflexion. M. de Montefquieu dit qu'il
eft difficile à un grand homme d'être mo-
déré. Rien n'eft plus vrai. Ce feu , cette
ardeur qui éleve l'ame , l'égare.

Tout, la force de l'efprit humain comme
fa foibleffe, fes études comme fon ignorance , fes défirs comme fes raifonnemens, font des écueils. Qui confidére tous
les moyens que la nature a fournis à l'homme pour fe tromper, eft étonné.

Il n'y a qu'un chemin pour la vérité ;
il y a mille routes pour l'erreur.

Telle eft notre infortune, n'eft-il donc
aucun reméde contre ce mal ?

On a fait un art de mille chofes plus
difficiles , ... à force de principes & d'e-
xercice , le corps & l'imagination même
s'habituent à faire avec viteffe & précifion des mouvemens bien moins aifés ,

le doigt à écrire , la mémoire à calcu-
ler ;…. la main se forme à parer tous les
coups que porte une pointe , dont les
mouvemens sont plus rapides que les regards, & que l'œil même ne peut suivre :
l'esprit ne pourra-t-il s'accoutumer à parer contre les faux Jugemens. Tous les
arts sont perfectionnés, n'y a-t il que ce-
lui-là qui ne puisse l'être ?

Un des plus vastes génies que la nature
ait produit, celui qui éleva Alexandre &
qui transmit à son disciple la fureur de
tout subjuguer, comme le maître avoit
eu celle de tout connoître, cet homme
dans le cours de ses recherches approfondit les principes du raisonnement. Il a été
pendant vingt siécles le Précepteur de
l'Univers. L'école a souvent défiguré des
idées qu'elle devoit simplifier.

Un François, presqu'aussi illustre, a
cherché une autre méthode, l'Europe l'a
admiré. L'une & l'autre ne peuvent être
que d'un foible secours dans l'usage des
affaires. Là le rafinement, l'art de donner
le change, la forme de raisonner, celle
de répondre & d'égarer est différente.

Nous trouvons tous les jours des plain-
tes contre l'erreur, le sophisme, l'obscurité. Les Auteurs prescrivent d'éviter ces
défauts ; mais facilitent-ils l'exécution ?
Dissequent-ils la clarté ? Nous avons des
prismes pour les couleurs, que n'en pouvons-nous pas avoir pour les idées ?

Ce Titre de la justesse du Jugement a trois Parties.

La premiere traitera de quelques espéces de raisonnemens particuliers au Palais, & des endroits par où ils peuvent pécher (*a*).

La seconde Partie regarde en général la maniere ordinaire de raisonner, & les différentes façons dont on le fait ; elle se divise en trois branches, ...

Concevoir nettement, ...
Expliquer simplement, ...
Conclure avec justesse.
L'idée, l'expression, le principe, la conséquence font quatre articles différens.

Sur ces objets, rappellant & simplifiant les principes généralement connus, on tâchera d'y joindre de nouvelles observations.

La troisiéme Partie de ce Titre, qui est la plus utile, qui sera la plus étendue, repasse les principales sources des faux raisonnemens ; il est nécessaire à la jeunesse d'acquérir ces connoissances ; les gens formés les ont, mais il leur est souvent utile de s'en ressouvenir.

_____

(*a*) Tels sont les raisonnemens tirés des parités, des renversemens de proposition, des contraires, de la lettre, de l'esprit, ainsi de plusieurs autres ; des notes là-dessus peuvent être utiles à ceux qui font tous les jours dans le cas de former ces raisonnemens, d'y repondre, ou d'en juger.

Prouver un principe douteux, par le même principe retourné différemment,....

Poſer des propoſitions générales quand il y a des choſes exceptées,....

Juger de la nature & de l'eſſence d'une choſe par des qualités qui ne lui conviennent que par hazard,....

Employer dans un raiſonnement le même mot pour exprimer deux choſes différentes, ou une choſe qui ceſſe d'être la même,....

Rendre général à toutes les parties, ce qui ne convient qu'à une d'elles &c.

Tout le monde ſçait que ces méthodes ſont mauvaiſes, & tout le monde s'en ſert ſans le ſçavoir ; on voudroit ici habituer l'eſprit à s'appercevoir de ſes erreurs, en lui montrant les cas où elles ſe déguiſent le plus adroitement, & levant le maſque devant lui, ou plutôt le conduiſant & l'exerçant à le lever, lui faire voir, s'il eſt poſſible, le mécaniſme de l'égarement.

L'homme eſt naturellement dans une diſpoſition mitoyenne : deux poids différens le tirent chacun d'un côté oppoſé ; un certain fond de juſteſſe ou de droiture, le pouſſe vers la vérité ; l'ignorance ou les paſſions, le traînent dans l'erreur.

Dans tous les cas où il s'agit de ſe décider, il faut qu'un des deux ait le deſſus ; je tâche d'augmenter le poid qui eſt du côté de la vérité, d'y ajouter, de lui donner plus de force.

Il est un art de colorer le faux, ou de tourner contre la raison les armes qu'elle nous a données pour la défendre, c'est cet art qu'on voudroit combattre.

On cherchera les replis de ces subterfuges où l'équité périt, de ces malheureuses défaites, de ces motifs captieux, de ces distinctions iniques, de ces applications déplacées, de ces interprétations subtiles.

On voudroit en attaquer le germe, ou du moins donner les signes auxquels elles se reconnoissent, y joindre les moyens de faire tomber leur fard & préserver l'esprit de ceux qui décident, des piéges qu'on leur tend : le sort des Citoyens demeure suspendu dans leurs mains ; l'erreur & la vérité combattent, & la victoire décide du bonheur des Particuliers.

On souhaiteroit être à même de faire un Ouvrage où ils pussent prendre facilement tous ces principes ; qui par sa clarté les empêchât de se rebuter, par sa briéveté rassurât contre l'ennui, par le choix de l'expression engageât à lire, par la force persuadât, mais on est réduit à des souhaits.

Que l'empire heureux de la vérité s'aggrandisse & s'étende ; que les écars du génie cédent à la foible voix du bon sens ; qu'un style uni & ferme ne quitte sa simplicité que pour prendre le majestueux des Loix.

Simplicité pénible & laborieuse, que tu prépares de facilité, mais que tu coûtes de peine !

Ce n'eſt point des nouveautés qu'on a
pour but, on ne veut dire que ce que chacun peut retrouver en ſoi ; on ne veut que
chaſſer des nuages que la plûpart des eſprits cherchent eux-mêmes à diſſiper, que
nourrir une lumiere que nous portons tous
en nous, mais que tous n'ont pas le loiſir
d'obſerver & de développer.

On ne prétend pas détruire toutes les
erreurs, ce deſſein feroit une erreur même & donneroit l'exemple de ce qu'il
veut combattre, mais on tâchera de mu-
nir ceux qui veulent s'en défendre. Les
recherches qu'on fait ſur des maladies
épidémiques, ne mettent pas dans l'im-
poſſibilité d'en mourir, mais elles dimi-
nuent quelquefois le nombre de ceux qui
en meurent.

Il faut laiſſer des eſprits ſupérieurs,
ſuivre le goût du ſiécle, & par la route
ſcabreuſe des paradoxes, chercher ambi-
tieuſement les ſuffrages ; on borne ici ſon
courage à préſenter la ſimple raiſon, & il
en faut (du courage). Que cet objet eſt
froid ! il glace l'imagination.

Celui qui a raſſemblé ces Réflexions,
étoit obligé par le genre de ſon état, de
connoître les ſources de la vérité, & de
fonder les canaux par leſquels l'erreur
peut s'inſinuer.

Il n'étoit pas fait pour devenir Auteur, l'imprudence l'a engagé, & cet
engagement l'oblige à ſoutenir cette fau-

te le moins mal qu'il peut.

L'envie de perfectionner l'Ouvrage dont on a parlé, lui a dicté celui-ci Si ses Réflexions ne sont pas justes, dès-là même elles en feront naître de bonnes dans l'esprit de ceux qui les blâmeront : c'est ainsi que les sciences montent d'un degré à un autre. Le Livre le plus médiocre peut être utile. Cette raison l'a décidé à livrer celui-ci, malgré toutes celles qui devoient le retenir.

D'autres plus habiles feront de nouveaux efforts, porteront leur vûe aussi loin que les bornes de l'esprit humain le permettent, & peut-être plus heureux, viendront à bout de repousser ces bornes & de reculer les limites de notre raison.

Réflexions sur cet Essai.

Bien des gens seront surpris de voir un Plan si long pour un Ouvrage qu'on voudroit faire court, (car on ne prétend pas tout dire sur chaque objet, mais seulement mettre sur la route pour penser) ; si cette esquisse fût entrée dans moins de détails, comment trouver les éclaircissemens nécessaires pour en exécuter les parties ?

Dans le dessein de rechercher les lumieres des personnes les plus habiles sur ces matieres, il a fallu leur exposer tous ces détails : la premiere intention en fai-

fant ceci, n'étoit point d'en laiffer répandre aucun exemplaire dans le public ; ce
Plan n'avoit été fait que pour confulter.

Oferons-nous dire ici que l'Effai de Bacon fur la Juftice a été réimprimé il y a
quelques années , quoiqu'il ne contienne
en tout que quatre vingt-feize phrafes ou
aphorifmes , parmi lefquelles il n'y a
qu'une quarantaine de Réflexions qui puiffent nous fervir ; un anonyme y a joint
plufieurs notes où l'on trouve des idées
très-juftes & des beautés d'expreffions.

Il ne fera peut-être pas inutile d'avoir
donné féparément le Plan entier de l'Ouvrage. S'il arrive que quelques Parties
foient mal remplies , des mains plus fa-
vantes, voyant le deffein général , ache-
veront ce qui fera refté imparfait.

F I N.

TABLE.

PREMIERE PARTIE.

Des Loix en général.

Bu t de la premiere Partie, *page* 6

TITRE PREMIER.

Des diverses especes de Loix.

TITRE II.

Les Loix réduites à deux especes.

TITRE III.

Divers objets des Loix d'utilité publique.

T I T R E   I V.

Etudes qui ont rapport aux Loix.

SECONDE PARTIE.

Des sources de nos Loix.

TITRE PREMIER.

Droit Romain.

TITRE II.

Des Coutumes.

TITRE III.

Des Ordonnances.

TITRE IV.

Des Arrêts.

TITRE V.

Des usages.

T I T R E V I.

Des Auteurs.

TROISIEME PARTIE.

Des Jugemens.

TITRE PREMIER.

De l'exercice de la Justice.

TITRE II.

Des fonctions des Juges.

TITRE III.

Des sources des Procès.

TITRE IV.

Des maximes de décision.

TITRE V.

De la juftesse du Jugement.

Fin de la Table.

PRIVILEGE DU ROI.

introduire d'impreſſion étrangere dans aucun
lieu de notre obéiſſance, à la charge que ces
Préſentes feront enregiſtrées tout au long ſur
le Regiſtre de la Communauté des Impri-
meurs & Libraires de Paris, dans trois mois
de la date d'icelles; que l'impreſſion dudit
Ouvrage ſera faite dans notre Royaume &
non ailleurs, en bon papier & beaux caracteres, conformément à la feuille imprimée
attachée pour modele ſous le contre-ſcel des
Préſentes; que l'Impétrant ſe conformera en
tout aux Réglemens de la Librairie, & notam-
ment à celui du 10 Avril 1725; qu'avant de
l'expoſer en vente, le Manuſcrit qui aura
ſervi de copie à l'impreſſion dudit Ouvrage,
ſera remis dans le même état où l'Approba-
tion y aura été donnée, ès mains de notre très-
cher & féal Chevalier Chancelier de France,
le Sieur de Lamoignon, & qu'il en ſera enſuite
remis deux Exemplaires dans notre Bibliothé-
que publique, un dans celle de notre Châ-
teau du Louvre, & un dans celle de notre
très-cher & féal Chevalier Chancelier de
France, le Sieur de Lamoignon, le tout à
peine de nullité des Préſentes; du contenu
deſquelles vous mandons & enjoignons de
faire jouir ledit Expoſant & ſes ayans cauſes
pleinement & paiſiblement, ſans ſouffrir qu'il
leur ſoit fait aucun trouble ou empéchement.
Voulons qu'à la copie des Préſentes qui ſera
imprimée tout au long au commencement ou
à la fin dudit Ouvrage, foi ſoit ajoutée comme
à l'original; Commandons au premier notre
Huiſſier ou Sergent ſur ce requis, de faire
pour l'exécution d'icelles tous actes requis &
néceſſaires, ſans demander autre permiſſion;
& nonobſtant clameur de Haro, Charte Nor-

mande & lettres à ce contraires. Car tel eſt
notre plaiſir. Donné à Verſailles le premier
jour du mois de Mai, l'an de grace mil ſept
cent ſoixante-un, & de notre Régne le qua-
rante-ſixiéme. Par le Roi en ſon Conſeil.
LE BEGUE.

*Regiſtré ſur le Regiſtre XV. de la Chambre
Royale & Syndicale des Libraires & Impri-
meurs de Paris, N°. 347. fol. 173. conformément au Réglement de 1723. A Paris, ce 15
Mai 1761.*
    G. SAUGRAIN, Syndic.